Die 100 besten Golfplätze

von Rainer Schillings

HEEL

Die 100 besten Golfplätze

in DEUTSCHLAND und ÖSTERREICH

Das Image des Golfsports ist in vielen Ländern von jeher ein Politikum. Je nach Partei muss der Sport entweder als „Landschaftsfresser" oder als „Ökowunder" herhalten. In Deutschland und in Österreich pflegt man längst eine friedliche Koexistenz der gegensätzlichen Philosophien, denn man hat verstanden, dass Umwelt- und Naturverträglichkeit dem Golfsport in keinem Fall abträglich sind. Vor allem in den letzten Jahren machte sich ein deutlicher Wandel bei der Neukonstruktion von Plätzen bemerkbar. Natürliche Hindernisse, Sandhügel und Heideflächen sind mindestens ebenso attraktiv wie ausgedehnte Bunkerkreationen, die dafür gesorgt haben, dass manches Fleckchen Erde aussieht wie eine künstliche Mondlandschaft aus einem Zeichentrickfilm.

Noch in den 1990er-Jahren gehörten zu jedem anständigen Golfprojekt, das etwas auf sich hielt, mindestens ein Inselgrün und teilweise über 100 Meter lange Bunker. Heute ist man da deutlich bescheidener, wenn auch nicht unspektakulärer. Die besten Plätze in diesem Buch sind immer diejenigen, die sich auf die alten Traditionen besinnen und sich der schottischen Idee vom natürlichen Spiel der Schäfer verpflichtet fühlen. Beste Beispiele hierfür sind Schwerin oder der nagelneue Platz Georgenthal. So verwundert es nicht, dass der Geist von Old Tom Morris, der vor über 100 Jahren den Links-Course im ehrwürdigen St. Andrews maßgeblich mitgestaltete, weltweit Beachtung findet. Sein Credo – die effektive Einfachheit ist der beste Spielmacher oder -verderber. Je nach Gusto. Eine Beule im Grün bewirkt manchmal mehr als so manch deplazierter Dekobunker.

Zwei Tendenzen haben sich bei der Zusammenstellung dieses Buches herausgestellt. Die besten Anlagen sind entweder jene alten Plätze, die visionär in üppige Natur eingepasst wurden, wie es Bernhard von Limburger zum Beispiel in Nürnberg oder in Lohersand gelang. Oder es sind komplette Neuentwicklungen, bei der die Formensprache der Schotten in die Ästhetik der jeweiligen Region interpretiert wurde. Ein Meister dieses Fachs ist der Deutsch-Kanadier David Krause. Aber lesen Sie selbst …

DEUTSCHLAND, DER NORDEN

Die wohl natürlichste Entwicklung nahm der Norden Deutschlands, denn hier fiel und fällt es nicht wirklich schwer, den britischen Links-Course-Style zu imitieren. Weder aus meteorologischer noch aus landschaftlicher Sicht. Der Norden zeigt sich rau und ungestüm, sowohl in den Golfclubs Budersand auf Sylt, als auch am Fleesensee, beides Resorts, die überwiegend vom Tourismus leben. Hier hatte die Art und Weise, wie die Plätze angelegt sind, durchaus marketing-strategische Gründe. Weil der reisende Golfer sich gerne fühlen will wie auf den britischen Inseln, wurden die Plätze den Bedürfnissen entsprechend gebaut. Auf Sylt ist das Ergebnis noch ein wenig besser ausgefallen als in Fleesensee.

Ohnehin ist Mecklenburg auch so der große Gewinner in dieser Auflistung: In Schwerin hat man die schottische Stilistik so weit auf die Spitze getrieben und einen Sandspielkasten aus dem Boden gestampft, der selbst den Neukreationen von Donald Trump bei Aberdeen nicht nachsteht. Zwar hat der Platz mit Sicherheit keine 100 Millionen Euro gekostet, bereitet aber mindestens genausoviel Spaß – und das zu einem Drittel des Greenfees, den der Milliardär auf seinen Spielplätzen verlangt. Und so verwundert es nicht, dass WinstonGolf mit seinen beiden Anlagen – 18 Löcher im gemäßigten Parkland-Stil sowie 18 Löcher als Links-Course – das derzeit kompletteste Angebot in Deutschland und Österreich stellen.

Aber auch legendäre Klassiker finden sich in der norddeutschen Bestenliste. Der Golfclub Falkenstein in Hamburg ist ebenso vertreten wie St. Dionys, Uhlenhorst und Wentorf-Reinbek. Gerade letztere Plätze machen dem Golfer klar, wie visionär die alten Golfplatzplaner waren, indem sie mit großen Solitären auf dem Fairway die Spiellinie durchkreuzen. Golf kann ja so einfach und zugleich so schwierig sein.

DEUTSCHLAND, DIE MITTE

Der große Golfboom der ausgehenden 1980er Jahre ist vorbei. Es war ein Jahrzehnt der schier unbegrenzten Bauwut. Kein größerer zusammenhängender Acker, der nicht mit Grüns zu einer Oase aufgemotzt werden sollte. So mancher Investor verbrannte sich gehörig die Finger und das entsprechende Kleingeld dazu. Nicht alle Landschaften im wilden Golf- und Goldgräber-Osten erwiesen sich als blühend. Und so blieben am Ende wirklich nur die guten Projekte übrig, die auch langfristig Bestand haben werden.

Berlin-Scharmützelsee, was eigentlich fast bei Frankfurt an der Oder liegt, hat leidvoll erleben müssen, wie schwer es ist, ein Luxusresort im golferischen Niemandsland aus dem Boden zu stampfen und danach auch noch zu rentabilisieren. Die Resorts Semlin, Seddin und Wilkendorf könnten in diesem Zusammenhang ein Wörtchen mitreden. Immerhin waren die Investoren aber so weitsichtig, dass man hochkarätige Golfplatzplaner engagierte, die aus dem platten Land echte Preziosen formten.

Trotzdem – die Golfplatzbauwut hat im mittleren Teil Deutschlands eher ambivalente Ergebnisse gebracht. Dies erklärt auch, warum in der Auflistung überwiegend bestehende und etablierte Golfanlagen zu den besten gehören. Eine der rühmlichen Ausnahmen ist das Hofgut Georgenthal, das erst im Frühjahr 2016 den eigenen Parcours am Golfhotel eröffnete. Hier muss man wirklich den Hut ziehen, was Christian Althaus um das 300 Jahre alte Hofgut aus der Landschaft herausgeholt hat. In der Nähe des Limes in einem fast arenaförmigen Tal schuf er einen Links-Course in den Hügeln des Taunus, was inhaltlich ein Widerspruch in sich selbst ist. Doch das Experiment ist erst dann wirklich gelungen, wenn sich über die Jahre die Qualität nicht nur halten, sondern zur Zufriedenheit der Spieler sogar steigern lässt.

DEUTSCHLAND, DER SÜDEN

Ein Name taucht in diesem Buch immer wieder auf: Es handelt sich um den deutsch-kanadischen Golfplatzarchitekten David Krause. Apeldör, Hardenberg, WinstonGolf, dazu die überarbeiteten Anlagen in Hittfeld und Falkenstein – dies sind nur einige Namen in seiner eindrucksvollen Projektgalerie. Mit dem Golfclub in Valley südlich von München hat er diese Form des spielerischen Umgangs mit der Natur auch hier zur Perfektion getrieben. Man muss nicht immer mit allem einverstanden sein, was er den Golfern zumutet, aber einen Mangel an Spielfreude kann man den von ihm geplanten Anlagen nicht attestieren. Ob die erzielten Ergebnisse auch den persönlichen Vorstellungen der Golfer entsprechen, sei mal dahingestellt. Fakt ist, David Krause baut zurzeit die anspruchsvollsten Anlagen – sowohl optisch als auch golferisch. Noch dazu gelingt es ihm, eine gleichermaßen humorvolle wie respektierende Zwiesprache mit der Natur zu führen.

Aber Krause ist nicht allein auf weiter Flur. Tolle Plätze gibt es im Süden zuhauf, was nicht zuletzt der Tatsache geschuldet ist, dass die Umgebung als Panorama ihren Beitrag leistet. Doch wie so oft spielt die persönliche Spielneigung eine wesentliche Rolle. Während ein Parcours wie St. Leon Rot eher amerikanisch daherkommt, muss man sich im Jura Golf Hilzhofen mit den topographischen Gegebenheiten der Natur auseinandersetzen, die in dem hügeligen Gelände mit einer Vielzahl an strategisch platzierten Bunkern für zusätzliche Schwierigkeiten sorgt.

Auch im Süden Deutschlands ist vielerorts golferischer Alltag eingekehrt. Von wenigen Ausnahmen abgesehen, zieht man den sorgfältigen Umgang mit der Natur spektakulärem Augenpulver vor. Ein Beispiel, bei dem sowohl die Belange des Naturschutzes als auch die Ansprüche des Architekten unter einen Hut gebracht wurden, ist der Golfclub Schwanhof. Hier wurde zwar der US-Open Sieger Jerry Pate für das Platzdesign verpflichtet, doch wie kaum auf einer anderen Anlage sorgt man trotz des amerikanischen Spielansatzes bis ins Detail für den pfleglichen Umgang mit Flora und Fauna. Sogar ein Institut wurde beauftragt, die Düngung und das Wachstum des Grases wissenschaftlich zu begleiten bzw. zu überwachen.

ÖSTERREICH

Auch im beliebten Nachbarland spielt Golf im touristischen Sinne eine große Rolle, wobei die spektakulären Anlagen, die von international renommierten Architekten konzipiert und gebaut wurden, eher Mangelware sind. Altentann aus der Feder von Golden Bear Jack Nicklaus ist eine der Ausnahmen. Entscheidend ist bei den meisten Plätzen das überwältigende Alpenpanorama, das den Golfer in seiner Konzentration auf die Probe stellt. Auch hier gilt immer häufiger das Motto „zuerst die Natur, dann der Golfer". Dem Image des Sports hat diese Einstellung nicht geschadet – und es sorgt bei Neubauten – wie man nachfolgend sieht – trotzdem für Überraschungen.

Die schönsten Plätze auf EINEN BLICK

DEUTSCHLAND

ÖSTERREICH

DER NORDEN

01

GOLF CLUB GUT APELDÖR

IMMER EINEN *KNICK* IN DER OPTIK

DAS IST IN EINER TYPISCHEN GEESTLAND-
SCHAFT NICHT ZU ERWARTEN: EIN IN MODE-
RATEM US-STIL GESTALTETER PLATZ. GROS-
SE WASSERHINDERNISSE VERFEHLEN IHRE
WIRKUNG NICHT.

Bei solchen Ausblicken macht die Runde einfach Freude, auch wenn sich Ballverluste selten vermeiden lassen. Aber gerade deshalb ist Apeldör eine echte Bereicherung für die deutsche Golfszene und ein Muss für ambitionierte Golfplatz-Sammler.

Der Osten von Dithmarschen in Holstein gehört zu den sehr ruhigen Landstrichen in Deutschland. Dabei hat die Lage auf den Geestinseln oberhalb der breiten Eider-Treene-Niederung einen großen Reiz. Hier, etwas außerhalb des kleinen Ortes Hennstedt, liegt das Gut Apeldör mit seinem Golfplatz in einer landestypischen Knicklandschaft. Diese uralten Wallhecken an Acker- und Wiesenrändern sind bedeutende Biotope und schützen den Boden vor Winderosion. Denn die steife Brise ist fester Bestandteil der Landschaft. Die Aussichten für viel Bewegung sind also fantastisch, die Herausforderungen auf dem 1996 angelegten 18-Löcher-Platz „Big Apple" und dem öffentlichen 9-Löcher-Course keineswegs gering.

Es müssen 96 Bunker sowie viele größere Teiche und Gräben um- und überspielt werden. Besonders kitzelig ist das Loch 8 (152 Meter), bei dem der Ball nach einem Schlag auf einer Halbinsel landen muss. „Stellen Sie sich vor, das Wasser ist betoniert", heißt es dazu wohlwollend. Doch vielen Golfern fehlt offensichtlich die Vorstellungskraft – jedes Jahr werden etliche tausend Bälle aus dem Teich gefischt. Der Wind ist bei dem schwierigsten Loch 5 ein Problem – weil er meistens von Westen kommt: Auf 406 Metern müssen die Golfer dann bei diesem Par 4 dagegenhalten. Kurz: schottische Verhältnisse. Die in vielen Fällen welligen Bahnen sind eine Sache für sich, und auch die ondulierten Grüns werden oft unterschätzt: Bei einigen ist nichts eben!

ABSCHLAG

Golfclub Gut Apeldör
Apeldör 2, 25779 Hennstedt
Tel +49 (0)4836-99500
info@apeldoer.de
www.apeldoer.de

Pro-Shop
Telefon +49 (0)4836-99500

Restaurant
Gutshof Apeldör, Tel +49 (0)4836-996060

Platz
6002 Meter (Herren)
5365 Meter (Damen)
Audi-Course: 6054 Meter (Herren)
5130 Meter (Damen)

Infrastruktur
Driving Range
(50 Abschläge, davon 8 überdacht)

Gäste
willkommen, HCP-Nachweis, PE, Softspikes, VcG zugelassen, Voranmeldung

Greenfee
79 € / Woche; 89 € / Wochenende
Jugendliche 50 % Ermäßigung

02

BREMEN, CLUB ZUR VAHR

EIN CLUB MIT ZWEI ADRESSEN

ALS DER 1905 IN BREMEN GEGRÜNDETE PLATZ AUS ALLEN NÄHTEN PLATZTE, GAB ES EINEN ABLEGER IN GARLSTEDT.

Der dicht bewaldete Golfplatz Garlstedter Heide des Clubs zur Vahr in Bremen ist ein Klassiker unter den deutschen Plätzen. Mehrfach wurde die German Open auf diesem 18-Löcher-Meisterschaftsplatz ausgetragen. Eine zweite Anlage mit neun Löchern betreibt der traditionelle Sportclub schon seit 1906 zentral in der Stadt im Bremer Ortsteil Vahr.

Dieser Platz mit einer ursprünglichen Länge von 4500 Metern (für 18 Löcher) war noch mit Lineal und Zirkel angelegt worden. Er war völlig baumlos und kreuz und quer von Gräben durchzogen. Die Spielbahnen wurden von Pferden beackert, die Roughs zweimal im Jahr gemäht, die Grüns waren voller Unkraut. Der Kontrast zu den heutigen Plätzen des Clubs könnte kaum größer sein. Der nördlich von Bremen bei Garlstedt in der flachen norddeutschen Tiefebene liegende 18-Löcher-Platz aber ist auch landschaftlich ein Schmuckstück. Die 1963 entstandene Anlage in der Garlstedter Heide wurde 2003/04 nach den Plänen des ehemaligen Nationalspielers Christoph Städler umfassend umgebaut und den modernen Ansprüchen angepasst, ohne das ursprüngliche Design zu verfälschen. Die schmalen Fairways sind sehr großzügig in der Waldlandschaft verteilt, die den Charakter dieses Platzes prägt. Zwischen den beeindruckenden Bäumen gibt es etliche Wassergräben und Teiche.

Insgesamt werden Bahnen mit einer Länge von bis zu 6283 Metern bei Par 74 geboten. Nach einem Einstiegsloch bietet die Bahn 2 das erste von insgesamt sechs Par 5 (auf 492 Metern über eine Hecke, über einen Teich und dann zum Grün). Interessant sind auch die Löcher 6 und 7: Hier kann der Golfer wählen, ob er die Grüns – an einer Waldinsel vorbei – rechts oder links anspielt. Originell Loch 14: Hier steht ein Periskop, mit dem der Spieler prüfen kann, ob das – vom Abschlag nicht sichtbare – Fairway auch frei ist.

ABSCHLAG

Club zur Vahr, Garlstedt
Am Golfplatz 10,
27711 Bremen-Garlstedt
Telefon +49 (0)4795-953316
garlstedt@czvb.de
www.club-zur-vahr-bremen.de

Pro-Shop
Telefon +49 (0)421-5157627

Restaurant
Bistro und Restaurant, Tel –49 (0)4795-417

Platz Garlstedt
6283 Meter (Herren)
5368 Meter (Damen)

Platz in der Vahr
5799 Meter (Herren)
5219 Meter (Damen)

Infrastruktur
Driving Range
(40 Abschläge, davon 5 überdacht)

Gäste
willkommen, HCP-Nachweis (36 / 54),
PE, WE nur in Begleitung eines Mitglieds

Greenfee
60 € / Woche; 70 € / Wochenende
Jugendliche: 50 % Ermäßigung

03

GOLF & COUNTRY CLUB BRUNSTORF

HÖHEPUNKTE IN DER TIEFEN EBENE

Wenn Bilder selbstredend sind, dann auf diesem Platz östlich von Hamburg, im Landschaftsschutzgebiet „Hohes Elbufer" gelegen. Wobei dieser Name eigentlich täuscht, denn weder von Höhe noch von Elbe ist hier viel zu sehen. Aber der Platz ist ein absolutes Muss für Besucher der Hansestadt. Wer in Brunstorf auf- und abschlägt, kann alles um sich herum vergessen. Perfektes Golf in einer Landschaft, die selbstbewusst ihr Aussehen gegen den ehrgeizigen Plan der Architekten durchgesetzt hat. Obwohl die Fairways sehr abwechslungsreich gestaltet sind, bleibt der Charakter der norddeutschen Landschaft erhalten. Man hat trotz der vielen Bunker und Wasserhindernisse nie das Gefühl, sich in einer artifiziellen amerikanischen Kunstlandschaft zu befinden. Als Golfer kommt man hier auf seine Kosten und wird auf jeder Bahn individuell herausgefordert. Selbstverständlich erfordern die Bunker und die Wasserhindernisse durchaus einen Plan, wie man die sehr lange Anlage angehen sollte. Wer bei den Drives schwächelt, kann vieles beim kurzen Spiel wieder gut machen. Es fällt vor allem auf, dass man auf dieser Anlage einfach spielen kann. Stress, wie er bei vielen modernen Designs ausgelöst wird, ist hier kein Thema. Brunstorf ist Golf in seiner schönsten Form, ohne je langweilig zu werden. Hohe Roughs, gepaart mit ausgezeichneter Platzpflege und traumhaft schöne Grüns sind Atttribute, die längst nicht mehr selbstverständlich sind. Auch sonst bietet die Anlage alles, was einen überdurchschnittlichen Club ausmacht: ein attraktives Clubhaus, ein sportliches Ambiente und vor allem ein ausgezeichnetes Preis-Leistungs-Verhältnis. All dies zusammen mündet im Fazit, dass Brunstorf zu Recht zu den Top 10 in Deutschland gehört.0

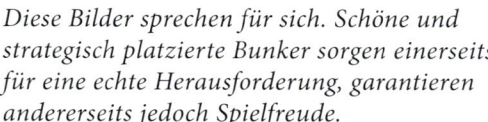

Diese Bilder sprechen für sich. Schöne und strategisch platzierte Bunker sorgen einerseits für eine echte Herausforderung, garantieren andererseits jedoch Spielfreude.

ÄSTHETIK UND SPIELFREUDE KOMMEN HIER ZUSAMMEN.
BRUNSTORF ÖSTLICH VON HAMBURG IST MIT SICHERHEIT EINE
DER BESTEN NEUEN ANLAGEN DER LETZTEN JAHRE.

Eine offene, ehrliche Landschaft, die trotz des anspruchsvollen und langen Parcours nichts von ihrer Natürlichkeit verloren hat. Bei starkem Wind allerdings zeigt der Platz sich von seiner schwierigen Seite. Immerhin – im kurzen Spiel kann man einiges wettmachen.

ABSCHLAG

Golf & Country Club Brunstorf
Am Golfplatz
21524 Brunstorf
+49 (0)4151-867878
info@golfclub-brunstorf.de
www.golfclub-brunstorf.de

Pro-Shop
Telefon +49 (0)4151-899320

Restaurant
Langenbacher +49 (0)4151-867860

Platz
6189 Meter (Herren)
5282 Meter (Damen)

Infrastruktur
Driving Range
(80 Abschläge, davon 20 überdacht)

Gäste
willkommen, PE, Softpikes,
HCP-Nachweis (54 / 45 am So.)

Greenfee
55 € / Woche; 65 € / Wochenende
Jugendliche 30 € / 40 €

04

GOLFPARK FEHMARN

STEIFE *BRISE* FÜR EINEN LANGEN ATEM

FEHMARN IST IN DIESEM BUCH VIELLEICHT EINE DER ÜBER-RASCHUNGEN – SEITE AN SEITE MIT DEN GROSSEN CLUBS. ABER GERADE DAS NATÜRLICHE AMBIENTE UND DIE TYPISCH SCHLES-WIG-HOLSTEINISCHE LANDSCHAFT GABEN DEN AUSSCHLAG.

Einmal tief durchatmen. Wind ist auf diesem Platz ein ernst zu nehmender Mitspieler, der eine Bahn um gut ein Drittel verlängern oder verkürzen kann – je nachdem, ob er von vorne oder von hinten kommt.

ABSCHLAG

Golfpark Fehmarn
Wulfener Hals Weg 80,
23769 Fehmarn
Telefon +49 (0)4371-6969
info@golfpark-fehmarn.de
www.golfpark-fehmarn.de

Pro-Shop
Telefon +49 (0)4371-6969

Restaurant
Bistro im Clubhaus, Tel +49 (0)4371-3006

Platz 1
5804 Meter (Herren)
5156 Meter (Damen)

Platz 2
1686 Meter (Herren)
1686 Meter (Damen)

Infrastruktur
Driving Range
(30 Abschläge, davon 5 überdacht)
Skycaddie-Vermessung

Gäste
willkommen, HCP-Nachweis, PE,
Softspikes

Greenfee
55 € / Woche; 55 € / Wochenende
Jugendliche: 50 % Ermäßigung

G olf und Meer – möglich ist dies auf der Ostseeinsel Fehmarn. Auf einem Landzipfel im Süden des Eilandes, den Wulfener Bergen, befindet sich die Anlage des 1987 gegründeten Golfparks Fehmarn. Sie liegt zwischen der Ostsee und dem Burger Binnensee, nur drei Meter über dem Meeresspiegel. Von fast jedem Tee und Grün aus können die Golfer auf das Meer, die Fehmarnsundbrücke sowie das Festland gegenüber blicken. Und der salzig würzige Seewind begleitet sie überall auf den Bahnen.

Der 9-Löcher-Platz eignet sich gut für Einsteiger, die ihre ersten Runden auch ohne Platzreife spielen können. Aufsteiger und ambitionierte Amateure können hier das kurze Spiel verbessern. Der sportlich schwierige 18-Löcher-Platz (5948 Meter lang) garantiert mit abwechslungsreichen Bahnen Spielfreude in einer einzigartigen Landschaft in gesundem Meeresklima. Wasserhindernisse, Bunker und leichte Hügel prägen das Geschehen. Bäume gibt es dagegen kaum. Für alle etwas Besonderes ist das Inselgrün von Loch 9. Denn bei dem Par-3-Loch hat das Grün die Form von Fehmarn. Es gibt hier nur einen Ort, den man anpeilen sollte: Landkirchen – genau in der Mitte der Insel.

05

Das Resort für ALLE GOLF-FÄLLE

GOLFCLUB FLEESENSEE

IM LAUFE DER VERGANGENEN JAHRE HAT SICH FLEESENSEE ZU EINER DER BESTEN ADRESSEN FÜR WOCHENEND-FLÜCHTLINGE GEMAUSERT. KEIN WUNDER – BEI SOLCH EINEM GOLF-ANGEBOT.

Der kleine weiße Ball ist hier der König: Die größte zusammenhängende Golf- und Tennisanlage Deutschlands befindet sich am Fleesensee in der Mecklenburgischen Seenplatte auf etwa 380 Hektar. Die fünf Plätze des Golf- & Country Clubs dort haben insgesmt 72 Löcher. Der östlich der reizvollen Inselstadt Malchow liegende Fleesensee gehört zu den großen Gewässern des Landes und ist Teil der Seenkette zwischen der Müritz und dem Plauer See. Sanfte Hügel sind typisch für die benachbarten Landschaften. Am Südufer des Fleesensees liegt das Dorf Göhren-Lebbin abseits von größeren Siedlungen und Straßen in einem weitgehend unberührten Landstrich. Trotzdem ist es von der Hauptstadt aus über die Autobahn Berlin- Rostock in 90 Minuten zu erreichen.

Die Golfplätze hier bieten eine sehr große Bandbreite von Herausforderungen in herrlicher Natur. Die Spieler sollten sich auch von Wildtieren nicht stören lassen. Der anspruchsvolle Schloss-Platz hat auf 6335 Metern alles, was ein Weltklasse-Platz bieten muss. Gespickt mit Wasserhindernissen und Bunkern in einem eher flachen Gelände fordert er das ganze Können. Auf dem kaum weniger herausfor-

dernden Scandinavian-Course gastierte im Jahr 2000 die European Seniors Tour. Zahlreiche Bunker, Wasserhindernisse, große schnelle Grüns und die geschickte Nutzung der leicht welligen Topografie stellen hohe Ansprüche. Und wenn der Wind vom See her über den Platz bläst, sollte man den Ball flach halten. Der sportliche Axel-Lange-Platz mit 18 Löchern ist

mit 4740 Metern bei Par 67 eine interessante Alternative zu den beiden großen Plätzen. Es gibt auch noch einen leichten Kurz-Platz mit neun Spielbahnen um die 300 Meter Länge für Anfänger ohne Platzreife. Der 9-Löcher-Familienplatz schließlich bietet sehr kurze Bahnen mit großen Löchern für den gemeinschaftlichen Spaß in der Familie.

Fotos: Stefan von Stengel, Golf & Foto

Fleesensee macht Laune, da der Platz sich ganz bewusst an Urlauber wendet, die Entspannung beim Golfspielen suchen. Das heißt jedoch nicht, dass der Platz auch beliebig wäre. Vor allem bei Wind gibt es hier ordentlich „was auf die Mütze".

ABSCHLAG

Golfclub Fleesensee
Tannenweg 1, 17213 Göhren-Lebbin
Telefon +49 (0)39932-80400
info.golf@fleesensee.de
www.fleesensee-golfclub.de

Pro-Shop
Telefon +49 (0)39932-80400

Restaurant
Genusswerkstatt,
Tel +49 (0)39932-804050

Schlossplatz
6402 Meter (Herren)
5407 Meter (Damen)

TUI Golf Course
6301 Meter (Herren)
5329 Meter (Damen)

Axel-Lange-Generali-Platz
4816 Meter (Herren)
4040 Meter (Damen)

Infrastruktur
Driving Range
(200 Abschläge, davon 90 überdacht)
Skycaddie-Vermessung

Gäste
willkommen, HCP-Nachweis (36/54), PE

Greenfee
Ab 50 € täglich (Axel-Lange-Generali)
bis 90 € täglich (Schlossplatz)
Jugendliche: 50 % Ermäßigung

06

HAMBURGER GOLF-CLUB

EINER DER ÄLTESTEN, EINER DER BESTEN UND EINER DER EDELSTEN. HAMBURG-FALKENSTEIN GILT ALS TOP-GOLFADRESSE.

Die Anlage des Hamburger Golf-Clubs am Falkenstein ist eine Golflegende: Zwischen den Elbvororten Blankenese und Rissen haben Colt, Alison und Morrison von 1928 bis 1930 ein Meisterwerk britischer Golfplatzarchitektur geschaffen. Gegründet wurde der Club sogar schon 1906. Er spielte zunächst auf einer Anlage in Groß-Flottbek und richtete 1910 zum ersten Mal die Deutsche Meisterschaft aus. Für eine Erweiterung im Jenisch-Park hätten jedoch zahlreiche Bäume gefällt werden müssen. Deshalb zogen die Golfer einige Kilometer weiter westlich auf einen ganz neuen Platz. Hier ist das hügelige Gelände mit seinem locker bewaldeten Boden in unmittelbarer Nähe des steil aufsteigenden Geesthanges am Elbufer noch reizvoller.

Schon vor Jahrzehnten entwickelte sich der sportlich-schwierige Meisterschaftsplatz zu einer Anlage mit internationalem Ruf. In jüngster Zeit fand hier acht Mal die German Open statt und von 1935 bis 1999 wurden am Falkenstein regelmäßig die Deutschen Senioren Meisterschaften ausgetragen. Typisch für die Anlage ist der Sandboden mit Heidekraut, Nadelbäumen und Birken. Außerdem fehlen der sonst übliche Schnickschnack und auch das Wasser. Dafür sind bei der jüngsten Überarbeitung noch einmal ein paar Sandhindernisse hinzugekommen. Und die stark ondulierten Grüns des hervorragend gepflegten 5838 Meter langen Par 71-Kurses sind ebenfalls attraktiv. Zu einer solchen Anlage gehört ein großzügig-elegantes Clubhaus. Diesen Bau im Stil der klassischen Moderne hatte das örtliche Architekturbüro Elingius + Schramm 1930 gestaltet.

Abtauchen in eine andere Welt. In Falkenstein hat man nicht den Eindruck, sich vor den Toren einer Millionenstadt zu befinden. Hier wurde der Golfsport noch in seiner ursprünglich-traditionellen Form bewahrt.

DAS BESTE in
HAMBURGS WESTEN

Bei vielen Fachleuten gilt Falkenstein als Nummer 1 in Deutschland. Allerdings ist der Club doch eher den Mitgliedern vorbehalten, sodass ein Besuch für Außenstehende allenfalls an Wochentagen möglich sein dürfte.

A B S C H L A G

Hamburger Golf-Club
In de Bargen 59, 22587 Hamburg
Telefon +49 (0)40-812177
info@golfclub-falkenstein.de
www.golfclub-falkenstein.de

Pro-Shop
Telefon +49 (0)40-28568277

Restaurant
Am Platz, Tel +49 (0)40-814404

Platz
5739 Meter (Herren)
5078 Meter (Damen)

Infrastruktur
Driving Range
(30 Abschläge, davon 8 überdacht)

Gäste
willkommen, HCP-Nachweis (36),
WE nur in Mitgliederbegleitung

Greenfee
90 € / Woche; 90 € / Wochenende
Jugendliche: Ermäßigung

07

Der Hit in den HARBURGER BERGEN

HAMBURGER LAND- UND GOLF-CLUB HITTFELD

DER PLATZ AM RANDE DER LÜNEBURGER HEIDE HÄLT SCHON EWIG EINE SPITZENPOSITION IM DEUTSCHEN GOLF. ZU RECHT: EIN TOP-PARCOURS IN TOP-UMGEBUNG.

Künstliche Hindernisse sind in Hittfeld kein Thema, für spielerische Schwierigkeiten sorgt die Natur. Vor allem die hügeligen Waldbahnen haben es in sich.

Der traditionsreiche Platz des Hamburger Land- und Golfclubs Hittfeld ist nach fünf Jahrzehnten 2006 zum zweiten Mal eröffnet worden: Dank des gelungenen Umbaus und der ausgezeichneten Pflege gehört er zu den reizvollsten Golfanlagen in Deutschland. Eine halbe Autostunde von

der Hamburger City entfernt, liegt er südlich der Hansestadt oberhalb des Urstromtals der Elbe in den eiszeitlich geprägten Harburger Bergen. Der 1957 gegründete Club versteht sich als gediegene Oase der Entspannung: Schwimmen im eigenen Schwimmbad, Tennis sowie Eisstockschießen im Winter sind weitere sportliche Op-

tionen. Schon die Anfahrt über die Birkenallee durch das malerische Altländer Tor zum historischen Reiterhof nordwestlich von Hittfeld beeindruckt. Es ist hier einfach schön, auch bei Nieselregen.

Den 18-Löcher-Meisterschaftsplatz selbst prägt eine hügelige Parklandschaft mit altem Baumbestand in der Gestaltungstradition der britischen Architekten Colt, Alison und Morrison. Er ist spielerisch ohne Frage anspruchsvoll, aber auch fair. Rauf und runter laufen die Bahnen. Es gibt wenig Wasser, aber ondulierte Fairways in Waldschneisen. An Loch 7 steht ein sehr langes Par 3 an: 197 Meter vom Herrenabschlag. Also einfach nur lang und gerade spielen und auf ein Par spekulieren? Elf Löcher sind in einen Mischwald eingebettet, die anderen führen über freies Gelände. Alle Grüns überzeugen durch ihren sehr gutem Zustand, sind aber nicht leicht zu lesen.

Die teilweise großen Höhenunterschiede würde man in der sonst flachen Umgebung rund um Hamburg eher nicht vermuten.

ABSCHLAG

Hamburger Land- und Golf-Club Hittfeld
Am Golfplatz 24, 21218 Seevetal
Telefon +49 (0)4105-2331
sekretariat@hlgc-hittfeld.de
www.hlgc-hittfeld.de

Pro-Shop
Nein

Restaurant
Am Platz, Telefon +49 (0)4105-2242

Platz
5799 Meter (Herren)
4777 Meter (Damen)

Infrastruktur
Driving Range
(40 Abschläge, davon 12 überdacht)

Gäste
willkommen, HCP-Nachweis (54/36)
Voranmeldung, VcG (50% Zuschlag)

Greenfee
80 € / Woche; 80 € / Wochenende
Jugendliche: 50 % Ermäßigung

Selbst an heißen Sommertagen bleibt es in Hamburg-Hittfeld zwischen den alten Bäumen angenehm kühl. Höchstens die schnellen Grüns können einen ins Schwitzen bringen.

08

HAMBURG, GUT KADEN GOLF UND LANDCLUB

EINE SICHERE BANK

GUT KADEN IST LÄNGST EINE FESTE GRÖSSE IM HAMBURGER GOLF-GESCHEHEN. ALS AUSTRAGUNGSORT GROSSER GOLFTURNIERE PRO-FITIERTE DIE ANLAGE IMMER WIEDER VON VERBESSERUNGEN.

W eit kann der Blick über die holsteinische Geest schweifen. Ein hoher Himmel, saubere Luft, saftige Wiesen und dazwischen – oft windschiefe – Baumreihen prägen die wegen der eher mageren Böden für den Ackerbau schwierige Landschaft. Mittendrin – zwischen Alveslohe und Henstedt-Ulzburg, etwa 25

Kilometer nördlich von Hamburg – liegt das Gut Kaden. Auf dem ehemaligen landwirtschaftlichen Hof hat der gleichnamige, 1984 gegründete Golf- und Landclub seinen Sitz. Die Anlage des aus dem 14. Jahrhundert stammenden Rittersitzes ist für ihn repräsentative Heimat. Das 1754 vom norddeutschen Barockbaumeister Ernst Georg Sonnin erbaute Herrenhaus, 1864-70 stark umgebaut, dient als Clubhaus und Mittelpunkt.

Seit 1992 finden auf dem Golfplatz internationale Herrenmeisterschaften statt. Die Profis haben die Latte sehr hoch gelegt: Lee Westwood gelang hier – mit neun Birdies auf 18 Löchern – eine Rekordrunde mit

63 Schlägen. 27 Löcher hat der sportlich-schwierige Platz insgesamt – aufgeteilt in drei unterschiedlich charakterisierte Etappen. Zwei Dinge prägen die Bahnen in flacher Landschaft: Die von der Pinnau durchflossene Anlage bietet viele Teiche, Gräben und Tümpel als Hindernisse. Und die Zahl der Bunker ist mit 114 recht groß. Allein der Kurs B verfügt über 54 Bunker. Erschwerend kommt der hier recht häufige Wind hinzu. Aber auch bei Windstille spielt sich der Platz sehr lang. Die großen alten Bäume der Alleen und Knicks schützen nur bedingt davor. Dank verschiedener Abschläge ist die ganzjährig geöffnete Anlage für alle Spieler eine Herausforderung.

Perfekt wurden auf Gut Kaden die Elemen-
te des Herrenhauses, wie zum Beispiel die
Allee, in das Gesamtbild des Platzes integ-
riert. Aufwändig gestaltete Wasserhinder-
nisse und Grüns sorgen für Abwechslung
auf der Runde.

ABSCHLAG

Gut Kaden Golf und Landclub
Kadener Str 9, 25486 Alveslohe
Telefon +49 (0)4193-99290
info@gutkaden.de
www.gutkaden.de

Pro-Shop
Telefon +49 (0)4193-7531750

Restaurant
Im Herrenhaus, Tel +49 (0)4193-97144

Platz A
2923 Meter (Herren)
2637 Meter (Damen)

Platz B
3045 Meter (Herren)
2594 Meter (Damen)

Platz C
3027 Meter (Herren)
2498 Meter (Damen)

Infrastruktur
Driving Range
(100 Abschläge, davon 14 überdacht)
Skycaddie-Vermessung

Gäste
willkommen, HCP-Nachweis (36),
Softspikes

Greenfee
60 € / Woche; 80 € / Wochenende
Jugendliche bis 24: 50 % Ermäßigung

Im Herrenhaus regiert der Genuss: Sowohl im alten Gewölbe als auch in den
herrschaftlichen Räumen gibt es eine ebenso gute wie effektive Ökonomie.

09

GOLFCLUB HAMBURG-WALDDÖRFER

Eine Golfpartie AUF DEM LANDE

2010 FEIERTE DER CLUB SEINEN 50. GEBURTSTAG. WAS BEI JUBILAREN SONST EHER KEIN KOMPLIMENT IST, GILT FÜR DEN GC-WALDDÖRFER: MAN SIEHT IHM – ZU SEINEM VORTEIL – DAS ALTER AN.

Der Golfplatz des bereits 1960 gegründeten Clubs Hamburg-Walddörfer in Hoisbüttel (Kreis Stormarn) wirkt auch als Sportanlage wie ein Landschaftspark. Das ehemalige Hamburger Walddorf Hoisbüttel kam schon 1803 zu Holstein. Es liegt heute zwischen der Hamburger Stadtgrenze und Ahrensburg. Die sanften Hügel und breiten Täler der Golfanlage sind typisch für die Endmoränenlandschaft im holsteinischen Hügelland. Sie entstanden durch eiszeitliche Gletscherbewegungen vor etwa 15.000 Jahren.

Der alte artenreiche Baumbestand, die Lage am Bredenbeker Teich und das in den Sichtachsen platzierte Clubhaus – ein expressionistischer Landsitz aus dunkelrotem Klinker – setzen weitere Akzente vor

Die direkte Nachbarschaft zu Hamburg-Ahrensburg ist kein Nachteil. Viele Golfer nutzen die Gelegenheit, auf beiden Anlagen zu spielen. In beiden Clubs begeistert die fantastische Artenvielfalt der Bäume.

ABSCHLAG

Golfclub
Hamburg-Walddörfer
Schevenbarg, 22949 Ammersbek
Telefon +49 (0)40-6051337
info@gchw.de
www.gchw.de

Pro-Shop
Telefon +49 (0)40-6051337

Restaurant
Am Platz, Telefon +49 (0)40-6054211

Platz
5973 Meter (Herren)
5194 Meter (Damen)

Infrastruktur
Driving Range
(16 Abschläge, davon 8 überdacht)

Gäste
willkommen, HCP-Nachweis (36),
WE nur in Begleitung eines Mitglieds,
Voranmeldung

Greenfee
75 € / Woche; 75 € / Wochenende
Jugendliche: 50 % Ermäßigung

allem im ersten Teil des 18-Löcher-Platzes. Zwischen alten Eichen, Buchen, Kastanien und Lärchen liegen die relativ engen Bahnen 1 bis 10 im locker gegliederten Wald. Hier geht es immer rauf und runter mit zum Teil spektakulären Löchern. Mal wird das Grün von unten angespielt, mal wird von einem erhöhten Tee abgeschlagen. Genaues Spiel zwischen den Bäumen ist gefragt. Es gibt relativ wenige Bunker, aber herausfordernde Grüns. Interessant ist der prägnante Unterschied zur zweiten Hälfte des Platzes. Die Löcher 11 bis 18 sind mit breiteren Fairways offener und bieten einen besseren Einblick in die typische Knicklandschaft. Die mit Sträuchern und Bäumen bewachsenen Erdwälle sowie der häufig über den Platz wehende Wind erschweren allerdings das Spiel auf den langen Bahnen.

10

HAMBURG, GOLF-CLUB WENDLOHE

Frischer Wind auf DER WENDLOHE

DIE GROSSE MITGLIEDERZAHL SPRICHT FÜR SICH: WENDLOHE IST EIN STADTNAHER TRUMPF.

Der zentral am nördlichen Hamburger Stadtrand gelegene Platz auf der Wendlohe gilt als eine der besten Adressen in Deutschland. Hier erfährt der Golfer, wie mit viel Feingefühl die spielerischen und natürlichen Erfordernisse in allen möglichen Variationen berücksichtigt wurden. Dies gilt um so mehr nach dem Platzumbau von 2004 bis 2008. Dabei waren die Voraussetzungen eher dürftig: Zwischen Autobahn 7, Bundesstraße und dem örtlichen Flughafen hatte der Spielbetrieb 1968 auf einem weitgehend flachen, ehemals landwirtschaftlich genutzten Platz mit neun Löchern begonnen. Seit 1989 gibt es hier nördlich des Stadtteils Schnelsen, schon im holsteinischen Bönningstedt, 27 in drei Kurse unterteilte Bahnen.

Der jüngste Eingriff hat sich gelohnt. So kommt keines der teppichartigen Grüns ohne Welle aus. Da ist es schon wichtig, auf welcher Seite des Grüns der Ball landet. Zusätzlich wurden beinahe alle Abschläge erhöht. Der Blick auf den Verlauf der Bahnen schafft Vertrauen in den Abschlag – hoffentlich vorbei an den reichlich vorhandenen Bunkern. Die vielen Wassergräben und Teiche sind sicher prägend für die Anlage, vor allem auf dem C-Kurs: Die C3 (Par 4, 392 Meter) – ein Doppel-Dogleg mit Wasserhindernissen an allen entscheidenden Stellen – ist auch die schwierigste Bahn des Platzes. Holzbohlen an der Grünfront lassen allzu mutige Bälle ertrinken. Die C6 sieht zumindest noch kniffliger aus: Dazu gehören entweder riskante 210 Meter im Flug über Teich und Bunker, ehe das Grün des Par 4 mit einem Schlag erreicht wird – oder der Spieler versucht es mit mehreren Schlägen über das fast rechtwinklige Dogleg.

Im Laufe der Jahrzehnte hat sich die früher landwirtschaftlich genutzte Fläche zum großen Park in Stadtnähe entwickelt. Die Bahnen sind zwar flach, lassen sich aber durch die drei 9-Löcher-Abschnitte miteinander kombinieren.

Das Herzstück der Golfanlage auf der Wendlohe: Das große Clubhaus mit perfekter Infrastruktur und mit überdurchschnittlicher Ökonomie. Spätestens am 19. Loch spielt die Nähe zur Stadt keine Rolle mehr.

ABSCHLAG

Golf-Club Wendlohe
Oldesloer Str. 251, 22457 Hamburg
Telefon +49 (0)40-5523966
sekretariat@wendlohe.de
www.wendlohe.de

Pro-Shop
Telefon +49 (0)40-5523966

Restaurant
Fairway, Telefon +49 (0)40-55289681

Platz
5745 Meter (Herren)
4947 Meter (Damen)

Infrastruktur
Driving Range
(24 Abschläge, davon 12 überdacht)

Gäste
willkommen, HCP-Nachweis (36),
WE nur in Begleitung eines Mitglieds

Greenfee
75 € / Woche; 75 € / Wochenende
Jugendliche: 50 % Ermäßigung

11

HINTER SCHLOSS UND SEGEL

KIEL, GOLF-CLUB ALTENHOF

EINEN GOLFSCHLAG VON DER OSTSEE ENTFERNT LIEGT EIN KLEINOD IM SCHLOSSPARK.

Die einen finden es kitschig, die anderen einfach nur sehr schön: das Gut Altenhof im Dänischen Wohld unmittelbar südlich der Ostseestadt Eckernförde. Die Gutsanlage mit ihrem Golfplatz hat etwas Märchenhaftes. Das schlossartige Herrenhaus stammt von 1728, in einem Seitenflügel befinden sich die Räume des Golfclubs. Stilecht lassen sich nebenan die eigenen Pferde unterbringen oder in der Orangerie die Hochzeit feiern. Das Herrenhaus wird von den Bethmann-Hollwegs bewohnt, deren Vorfahr Theobald ein Reichskanzler zu Zeiten Kaiser Wilhelm II. war. Sie vermieten auch einige historisch eingerichtete Gästezimmer. Vom Herrenhaus blickt der Besucher in das reizvolle schleswig-holsteinische Hügelland mit Äckern, Weiden und Wald sowie Wassergräben und Teichen. Diese vielfältige Landschaft mit dem Herrenhaus im morgendlichen Dunst und den zum Teil 400 Jahre alten Eichen bietet unvergessliche Eindrücke.

Der Golf-Club Altenhof wurde schon 1971 gegründet. Die ersten neun Bahnen des 18-Löcher-Meisterschaftsplatzes liegen im Park des Gutshofes. Hier sind viele Bäume hinderlich, weniger die Bunker. Und es gibt so manchen Teich. Als schwierigstes Loch des Platzes gilt die Nummer 2 (Par 4, 388 Meter) mit der von Bäumen eingeschlossenen Spielbahn. Rund 100 Meter vor dem Loch führt es über einen Hügel zum tiefer liegenden Grün. Dieser Schlag aber muss genau sein, da der Ball bei trockenem Wetter kaum zu stoppen ist. Die Bahn 11 (Par 5, 437 Meter) gilt als die schönste auf Altenhof, zumal Wasser das Fairway auf beiden Seiten begrenzt. Ein leichtes Dogleg zum Schluss und hohe Bäume erschweren das Anspiel auf das behutsam in den Wald hineingebaute Grün.

Die zweiten Neun wurden zum Teil in eine alte Kiesgrube gebaut. Flankiert von meterhohen Abbruchkanten und Bunkern scheinen einige Löcher einem ganz anderen Platz anzugehören: offen und flach, statt geschützt und hügelig. Selbst für gute Golfer ist dieser Platz ziemlich anspruchsvoll.

ABSCHLAG

Golf-Club Altenhof
Gut Altenhof 1, 24340 Altenhof
Telefon +49 (0)4351-41227
info@gcaltenhof.de
www.gcaltenhof.de

Pro-Shop
Telefon +49 (0)4351-45800

Restaurant
Am Platz (Montag Ruhetag)
Telefon +49 (0)4351-43954

Platz
5763 Meter (Herren)
5070 Meter (Damen)

Infrastruktur
Driving Range
(20 Abschläge, davon 3 überdacht)

Gäste
willkommen, HCP-Nachweis (36),
VcG zugelassen

Greenfee
50 € / Woche; 65 € / Wochenende
Jugendliche: Ermäßigung

12

IN ALLER BESCHEIDENHEIT EIN GANZ GROSSER ZU SEIN – DAS IST LOHERSAND, IMMERHIN JAHRGANG 1959, VORZÜGLICH GELUNGEN. DER PLATZ IST EINE AUGENWEIDE UND SPIELERISCH TOP.

GOLF CLUB LOHERSAND

DER ALTE MANN UND DAS MEHR

Meistens sollte man vorsichtig sein, wenn ein Club von sich selbst behauptet, er sei ein Platz der Extraklasse. Doch manchmal – ganz selten – ist das sogar noch untertrieben und nur Ausdruck des Stolzes, der die Betreiber zu derartigen Superlativen verleitet. Seit November 2014 gehört Lohersand zu den exklusiven Anlagen in Deutschland, die die Auszeichnung „Gold" des Deutschen Golf Verbandes tragen. Sie bescheinigt dem Club ganz offiziell, dass vielfältige Anforderungen an Natur und Landschaft, an Pflege und Spielbetrieb und letztlich auch an den Umweltschutz und die Infrastruktur erfüllt sind. Dabei ist das ganz und gar keine neue Erfindung, hat doch den Grundstein für dieses Kleinod in der Loher Heide ein Mann gesetzt, der zu den ganz großen Golfplatz-Architekten in Deutschland gehört.

Kein Geringerer als Bernhard von Limburger verlegte 1959 die ersten neun Löcher so „natürlich" in das zur Verfügung stehende 33 Hektar große Gelände, dass man versucht ist zu sagen, Golf sei die natürlichste Sache der Welt. Hier passt einfach alles – die Heideumgebung zum Golf und der Golfplatz zur Umgebung. Fast hat man das Gefühl, die beiden eigentlich widersprüchlichen Landschaftstypen – natürlich auf der einen Seite, artifiziell auf der anderen – seien ziemlich beste Freunde. Nein, wer hierher spielen kommt, sollte nicht amerikanische Standards erwarten. Aber auch keinen Kinderspielplatz. Golf ist hier so selbstverständlich, wie die Heide, die jeden verirrten Ball auf Nimmerwiedersehen verschluckt. Lohersand gehört zu den besten Plätzen Deutschlands, denn im viertältestem Golfclub Schleswig-Holsteins hat man verstanden: Schönheit kommt durch Natur.

Was teilweise recht unspektakulär aussieht, hat es in sich: Heide ist hier nicht nur ein netter Frauenname, sondern ein Ball-fressendes Kleinod im hübschen Sommerkleid.

ABSCHLAG

Golf Club Lohersand
Am Golfplatz, 24806 Sorgbrück
Tel. +49 (0)4336-999111
info@lohersand.de
www.lohersand.de

Pro-Shop
Nein

Restaurant
am Platz +49 (0)4336-3333

Platz
5480 Meter (Herren)
4675 Meter (Damen)

Infrastruktur
Driving Range
(15 Abschläge davon 5 überdacht)

Gäste
willkommen, VcG zugelassen,
HCP-Nachweis (54)

Greenfee
50 € / Woche; 60 € / Wochenende
Jugendliche bis 23: 50 % Ermäßigung

13

GOLFANLAGE SCHLOSS LÜDERSBURG

DER BARON bittet zum 1. TEE

Am Rande der Elbmarsch zwischen der Salzstadt Lüneburg und der Schifferstadt Lauenburg/Elbe liegt das alte Rittergut Lüdersburg. Im Mittelpunkt steht das auf den Grundmauern einer Burg errichtete Herrenhaus von 1776: Zusammen mit den Kavaliershäusern ist es ein barockes Kleinod unter den Baudenkmälern des alten Fürstentums Lüneburg.

Ein ganzes Dorf steht hier unter Denkmalschutz. Aufwändig restauriert, dient es heute als Schlosshotel vor allem für die benachbarte Golfanlage mit zwei anspruchsvollen 18-Löcher-Championship-Plätzen und einem öffentlichen 4-Löcher-Trainingsplatz.

Die parkähnliche Anlage fügt sich in ein verhältnismäßig flaches Gelände ein, auf der einen Seite Viehweiden und Flutgräben, auf der anderen Seite kleine Wälder und Ackerflächen auf der leicht erhöhten Geest. Die Golfanlage wurde 1989 mit dem Old Course (5912 Meter, Par 73) eröffnet. Sensibel wurde er in einer gewachsenen Parklandschaft unter anderem mit Rhododendren, Obstbäumen und zahlreichen natürlichen Wasserhindernissen angelegt. Zehn Jahre später war der von Jack Nicklaus entworfene Lakes Course (6067 Meter, Par 72) fertig. Er wurde wie ein typischer Links Course gestaltet, aber mit vielen Wasserhindernissen ausgestattet. Die miteinander verbundenen Seenflächen haben eine Größe von etwa 15 Hektar.

Das Herrenhaus des Barons von Spoercken dient heute als kleines, aber feines Hotel. Die Anlage gilt als Top-Adresse für Golf zwischen Hamburg und Berlin.

HIER WURDE ALLES RICHTIG GEMACHT: AUS EINEM EINST MARODEN LANDWIRTSCHAFTLICHEN BETRIEB ENTSTANDEN, DAMALS NOCH IM ZONENRANDGEBIET, BLÜHENDE LANDSCHAFTEN.

Richtiges Marketing ist alles: Um die Aufmerksamkeit auf das eher beschauliche Lüdersburg zu lenken, wurde das Planungsbüro von Spielerlegende Jack Nicklaus mit dem Bau des zweiten Platzes betraut.

Zwei grundverschiedene Plätze sorgen für Abwechslung in Lüdersburg: Auf der einen Seite der klassische Parkland-Kurs, auf der anderen der Links-Kurs.

ABSCHLAG

Golfanlage Schloss Lüdersburg
Lüdersburger Str.21, 21379 Lüdersburg
Telefon +49 (0)4139-69700
info@schloss-luedersburg.de
www.schloss-luedersburg.de

Pro-Shop
Telefon +49 (0)4139-69700

Restaurant
Falkenstein, Telefon +49 (0)4139-69700

Platz (Lakes Course)
6067 Meter (Herren)
5305 Meter (Damen)

Platz (Old Course)
5912 Meter (Herren)
5229 Meter (Damen)

Infrastruktur
Driving Range
(80 Abschläge, davon 3 überdacht)

Gäste
willkommen, HCP-Nachweis (54 /36),
VcG zugelassen (erhöhtes Greenfee),
Softspikes

Greenfee
55 € / Woche; 70 € / Wochenende
Jugendliche: 50 % Ermäßigung

14

GOLFEN

WINSTON GOLFCLUB SCHWERIN 1

MACHTE SCHON DIE PARK-ÄHNLICHE ANLA-
GE IN SCHWERIN FURORE, SO SORGT DER
SPEKTAKULÄRE LINKS-COURSE BEI VIELEN
GOLFERN FÜR KINDLICHE SPIELFREUDE. SO
IST ES KEIN WUNDER, DASS DER FALSCHE
LINKS-COURSE IM INLAND ZU DEUTSCH-
LANDS BESTER ANLAGE AVANCIERTE.

In der für Mecklenburg typischen Endmoränenlandschaft mit Wäldern und Seen in hügeligem Gelände liegt der Golfplatz in Vorbeck bei Schwerin. Zu der naturbelassenen Anlage zwischen dem Vorbecker See und der Warnow gehören ein interessanter Platz mit neun Löchern und ein parkartiger 18-Löcher-Meisterschaftsplatz. Letzterer ist ein technisch sehr anspruchsvoller Golfcourse. Einzelne Bahnen sind mit den Raffinessen klassischer Golfländer ausgestattet. Ab Mai 2011 steht auf dem 202 Hektar großen Gelände ein weiterer 18-Löcher-Platz zur Verfügung: Er enstand auf kargem Sandboden, der für die Landwirtschaft zwar unbrauchbar ist, für einen Golfplatz aber ungeahnte Möglichkeiten eröffnet.

Man nehme: Eine Prise England, würze sie mit ein wenig Irland und den USA, kombiniere dies mit deutscher Landschaft und mecklenburgischer Gemütlichkeit – und fertig ist das vielversprechende Winston Golf Resort.

IM SANDKASTEN

ABSCHLAG

Winston Golfclub Schwerin
Kranichweg 1, 19065 Gneven-Vorbeck
Telefon +49 (0)3860-5020
info@winstongolf.de
www.winstongolf.de

Pro-Shop
Telefon +49 (0)3860-5020

Restaurant
Kranichhaus
Telefon +49 (0)3860-502200

Platz WinstonOpen
5893 Meter (Herren)
5011 Meter (Damen)

Infrastruktur
Driving Range
(30 Abschläge, davon 11 überdacht)

Gäste
willkommen, HCP-Nachweis (45),
Softspikes

Greenfee
85 € täglich
Jugendliche: 50 % Ermäßigung

15

DER SIEGER

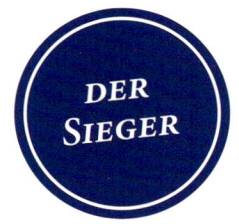

WINSTON GOLFCLUB SCHWERIN 2

EIN SCHOTTE AUF ABWEGEN

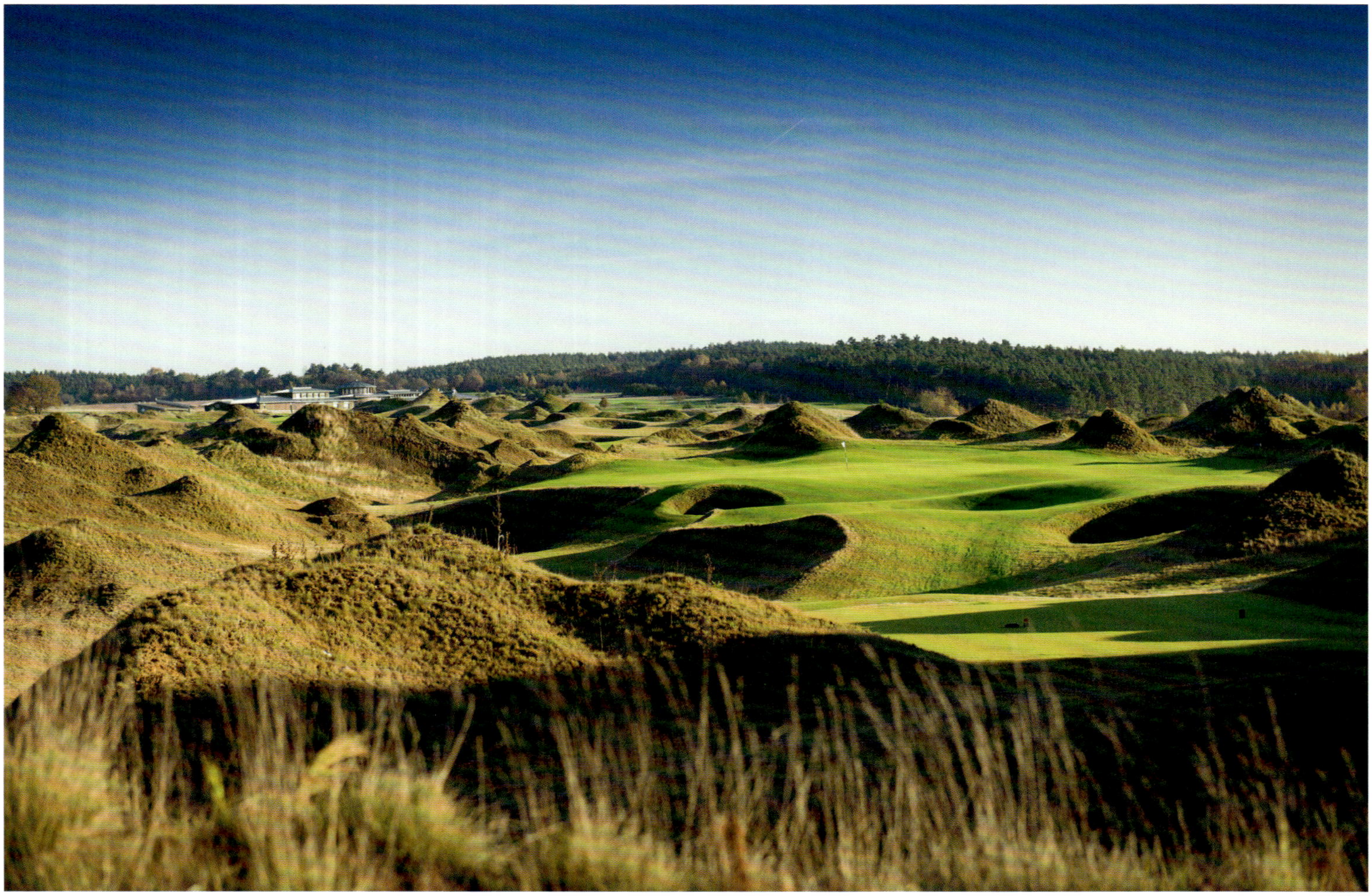

ALS ES DARUM GING, EINEN LINKS-COURSE ABSEITS DES MEERES ANZULEGEN, WURDEN DIE SCHWERINER BELÄCHELT. INZWISCHEN TRÄGT DER PLATZ DEN TITEL „BESTER GOLFPLATZ DEUTSCHLANDS".

Topfbunker, Dünen, enge Fairways. Man muss nicht Donald Trump heißen, um sich den schottischen Traum eines Links-Courses leisten zu können. Aber man muss von seinem Projekt überzeugt sein, wie die Betreiber von WinstonGolf in Schwerin.

Wer glaubt, in Deutschland gebe es in Ermangelung von ausgedehnten Küsten keine echten Links-Courses, dürfte einige Überraschungen erleben. Auf der Nordseeinsel Norderney enstand bereits 1922 Deutschlands erster und lange Zeit einziger Dünengolfplatz, ehe ihm diesen Titel der Golfclub Budersand auf Sylt streitig machte. Doch zwei weitere Links-Courses fristen als „falsche Schotten" ein stolzes Dasein weitab vom Meer: Der von Open-Champion Nick Faldo gebaute Golfclub Scharmützelsee östlich von Berlin und – dies ist mit Sicherheit das spektakulärste Projekt – Winston Golf von David Krause bei Schwerin. Wer es nicht gesehen hat, glaubt es nicht. Schottland ist überall, auch da, wo man sie nicht vermutet. Die deutsche

Golf-Fachzeitschrift „Golf Journal" stellte in ihrer aktuellen Juli-Ausgabe erstmals eine exklusive Rangliste der „100 besten Golfplätze Europas" vor. Auf Platz 28 hat es dabei der Links-Course der mecklenburgischen Golfanlage WINSTONgolf geschafft. Damit positioniert sich der außergewöhnliche 18-Löcher-Platz noch vor dem wohl weltweit berühmtesten Golfplatz, dem Old Course St. Andrews in Schottland. Gleichzeitig führt der Winston-Links mit 150,5 Index-Punkten die Liste der insgesamt sechs deutschen Golfplätze an, welche in dem Ranking der Top 100 vertreten sind - darunter auch Budersand auf Sylt. Der 2011 eröffnete Winston-Links, kreiert von Golfplatz-Architekt David J. Krause, weist neben seiner atemberaubenden Gestaltung mit bis zu zehn Meter hohen Dünen eine faszinie-

rende Besonderheit auf: Anders als die klassischen Linksplätze liegt er nicht am Meer, sondern eingebettet im mecklenburgischen Binnenland zwischen Seen, Flüssen und Wäldern. Zu dem deutschen Spitzenreiter schrieb ein Golf-Journal: „Es gibt außerhalb der britischen Inseln in ganz Europa nur wenige, vielleicht sogar keinen derart spektakulären Links-Course. (...) Wer den Platz gespielt hat, wähnt sich im Mutterland des Golfsports und pfeift darauf, dass der Links eigentlich ein falscher Schotte ist." Man kann es glauben oder nicht – dieser Links-Course bei Schwerin ist die aufregendste Inkarnation des Golfsports, der einst in den Dünen von Schottland erfunden wurde und jetzt einen würdigen Vertreter in Deutschland hat. Unser Ergebnis: Die Nummer 1 in Deutschland

15

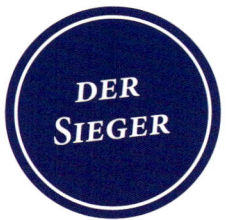

WINSTON GOLFCLUB SCHWERIN 2

DER SIEGER

Sand, wohin das Auge reicht. Wer glaubt, dass Golfwunder unmöglich sind, wird auf dem Links-Course bei Schwerin eines Besseren belehrt. Platzarchitekt David Krause hat sich hier ein Denkmal gesetzt. Es ist mit Sicherheit Deutschlands bester Links-Course ohne Zugang zum Meer. Aber auch sonst könnte er jedem Vergleich standhalten.

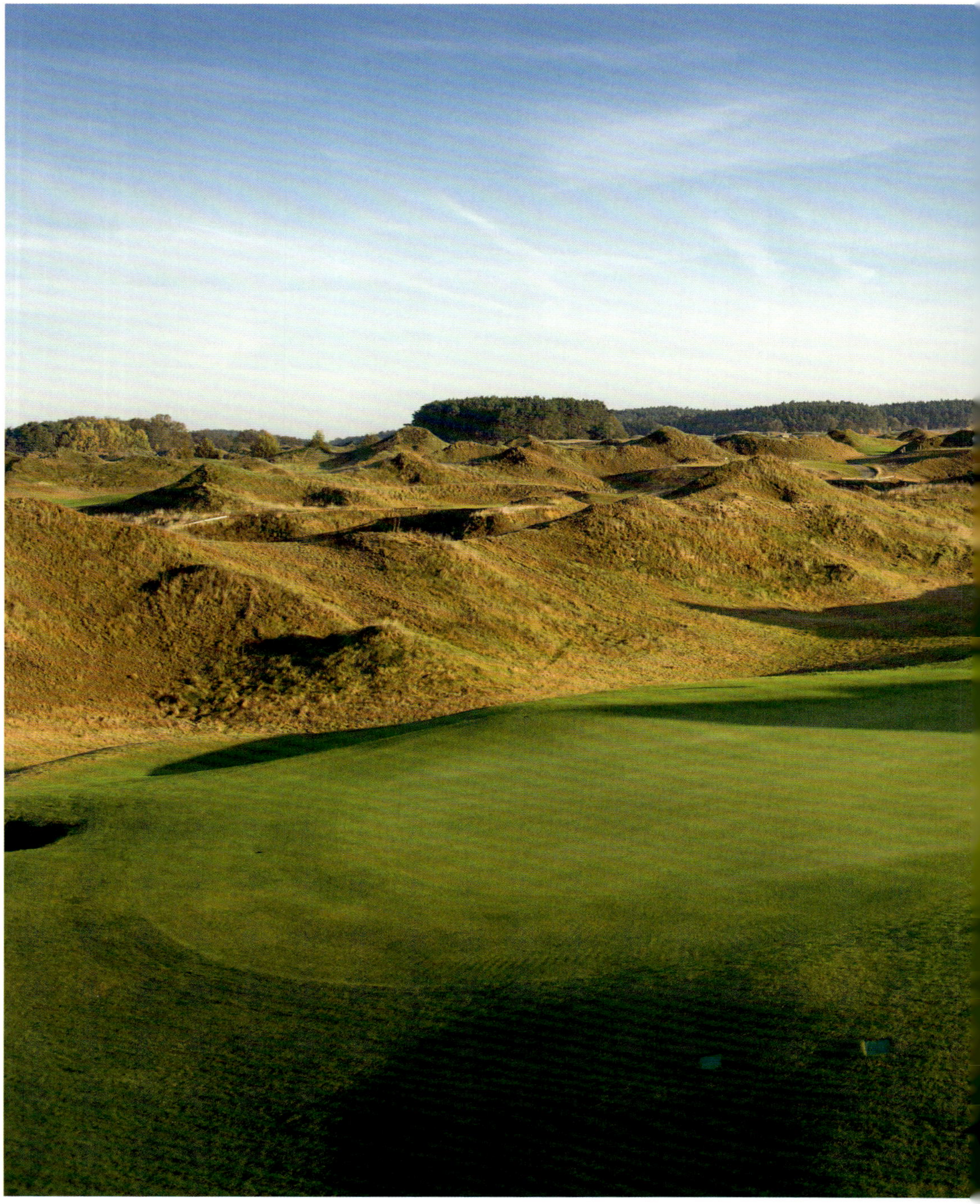

ABSCHLAG

Winston Golfclub Schwerin
Kranichweg 1, 19065 Greven-Vorbeck
Telefon +49 (0)3860-5020
info@winstongolf.de
www.winstongolf.de

Pro-Shop
Telefon +49 (0)3860-5020

Restaurant
Restaurant Kranichhaus
Telefon +49 (0)3860-502200

Platz WinstonLinks
5925 Meter (Herren)
4856 Meter (Damen)

Infrastruktur
Driving Range
(30 Abschläge, davon 11 überdacht)

Gäste
willkommen, HCP-Nachweis (36),
Softspikes

Greenfee
120 € täglich
Jugendliche: 50 % Ermäßigung

16

GOLF-CLUB ST. DIONYS

DIE DEMUT DES KAISERS

KARL DER GROSSE, DER HIER EINST LAGERTE, HÄTTE SEINE FREUDE AN DEM KÖNIGLICHEN SPIEL IN DER LÜNEBURGER HEIDE.

Das kleine Heidedorf St. Dionys kann auf sagenhafte Vergangenheit zurückblicken. Kein Geringerer als Kaiser Karl der Große soll für die Namensgebung verantwortlich sein. Auf einem Christianisierungsfeldzug soll er – so die Legende – sein Nachtlager in der Nähe des Örtchens Bardowick am Rande der Elbniederung aufgeschlagen haben. Durch eine umgestürzte Kerze verbrannten Zelt und Leinentücher, lediglich die Gebeine des Schutzpatrons S. Dionysius blieben unversehrt. Aus Dankbarkeit errichtete der Kaiser eine Kapelle und Mönche siedelten sich an und begannen, die umliegenden Felder zu bewirtschaften. Ob sich dies alles so zugetragen hat, lässt sich an dieser Stelle wohl kaum überprüfen. Aber – immerhin – blaues Blut wurde hier in ein grünes Wunder umgewandelt. St. Dionys ist ohne Zweifel einer der schönsten Plätze Deutschlands mitten im Herzen der Lüneburger Heide. Der Golfclub hat sich selbst ein harmonisches Miteinander von Golf und Ökologie verordnet und stellt an sich selbst den Anspruch, zu den besten Golfanlagen im Land zu zählen. Man beschränkt sich dabei nicht auf die unzweifelhaft schnellen Grüns und das erstklassige Platzdesign, sondern auch auf ein engagiertes Umweltbewusstsein. Wer

Natur pur – und das ganzjährig genießbar. Der Golf-Club St. Dionys gehört von Beginn an zu den gelungenen Platzdesigns. Als Golfer sollte man freilich nicht zu sehr vom Weg abkommen, denn die Fairways werden von hohen Bäumen „bewacht".

nach St. Dionys zum Spielen kommt, erhält ein Wohlfühlprogramm. Nicht, dass es einem der Platz allzu leicht machen würde, aber es ist das Abtauchen in eine „bessere Welt", in der die Natur im Sinne des Kaisers das Zepter in den Händen hält. Alte Baumbestände, trickreiche Anpflanzungen und strategisch platzierte Bunker erziehen den Golfer zu Demut, ohne dabei das Hochgefühl der Schönheit zu vernachlässigen. Die

Heidelandschaft mit Spielbahnen zwischen Heidekraut, Nadel- und Mischwald ermöglicht aufgrund des trockenen Bodens ein ganzjähriges Spielvergnügen. In den Trainingsbereich wurde viel investiert, sodass der Golfer in einer Indoor-Anlage auch im Winter über perfekte Trainingsmöglichkeiten verfügt. Und sollte man der Einsamkeit der Heide überdrüssig werden – bis nach Hamburg sind es nur 50 Kilometer.

St. Dionys ist zu jeder Jahreszeit ein Naturschauspiel, das dem Golfer immer wieder neue Perspektiven eröffnet. Doch bei aller Ästhetik – nur akribisch und strategisch denkende Spieler haben eine Chance, ihr Handicap zu spielen.

ABSCHLAG

Golf-Club St. Dionys
Widukindweg, 21357 St. Dionys
Tel. +49 (0)4133-213311
info@golfclub-st-dionys.de
www.golfclub-st-dionys.de

Pro-Shop
Tel. +49 (0)4133-4040350

Restaurant
Am Platz, +49 (0)4133-213317

Platz
6036 Meter (Herren)
5092 Meter (Damen)

Infrastruktur
Driving Range
(30 Abschläge, davon 5 überdacht)

Gäste
willkommen, HCP-Nachweis (36),
Softspikes, WE eingeschränkt,
Voranmeldung empfohlen

Greenfee
70 € / Woche; 80 € / Wochenende
Jugendliche: 30 € Ermäßigung

17

GOLFCLUB BUDERSAND SYLT

DEN VERGLEICH MIT SCHOTTISCHEN LINKS-COURSES BRAUCHT BUDERSAND NICHT ZU SCHEUEN. EIN TOP-PLATZ IN TOP-LAGE.

Der Golfplatz Budersand auf Sylt ist weltweit einzigartig: Die karge Dünenlandschaft mit dem wogenden Strandhafer, den üppigen Heideflächen und den unberechenbaren Seewinden im äußersten Süden von Sylt geben den Rahmen vor. Hier steht der Golfer fast in der Nordsee, zwischen dem geschützten Wattengebiet und der offenen See. Kein Baum, kein Strauch versperrt die Sicht auf das Meer, die Nachbarinseln Amrum und Föhr und den Leuchtturm nebenan. Weitab vom Sylter Trubel wurde am Ortseingang von Hörnum auf dem 73 Hektar großen Gelände des ehemaligen Seefliegerhorstes mit der Pidder-Lüng-Kaserne ein Golfplatz angelegt. 2008 wurden die 18 Löcher zwischen der Düne Budersand und dem Hafen eingeweiht. Darüber wacht das neue Clubhaus mit seinem markanten Turm in der Kontur der alten Fernmeldestation.

Der sportlich-schwierige Platz bietet nach dem Vorbild der traditionellen Golfplätze an den schottischen Küsten einen echten Links-Course. Nur das sanfte Auf und Ab der Dünen bestimmt das Gelände. Entfernungen sind hier schwierig einzuschätzen.

Jedes Loch verlangt neue Konzentration. Der Wind ist ein allgegenwärtiger Mitspieler. Oft steht der Ball fast wie ein Vogel im Wind. Herrliche kupierte Fairways und mehr als 90 Topfbunker bringen den Spieler schon an seine Grenzen, bevor die großen und schnellen Grüns angespielt werden. Neu ist auch: Der Club nimmt keine Mitglieder auf. Lediglich über Greenfee kommt der Spieler auf den Platz.

Tiefe Topfbunker, dichtes Rough, wellige Fairways. Wer einmal in Schottland gespielt hat, ist von dieser Art des Golfsports infiziert. Sylt bietet Links-Gefühl.

Fotos: Jana Ebert

NUR DÜNEN UND NORDSEE

So gerade wie der unendliche Horizont, so uneben wie die Dünen. Fast spielerisch gingen die Erbauer von Budersand mit den Formen um. Die schnörkellose Optik des Hotels steht im Kontrast zu den aufgewühlten Sanddünen. Spielerisch steht der Platz den schottischen Vorbildern kaum nach. Dafür sorgt schon der Wind.

ABSCHLAG

Golfclub Budersand Sylt
Fernsicht 1, 25997 Hörnum/Sylt
Telefon +49 (0)4651-4492710
golf@gc-budersand.de
www.gc-budersand.de

Pro-Shop
Telefon +49 (0)4651-4492710

Restaurant
Strönholt, Telefon +49 (0)4651-4492727

Platz
6020 Meter (Herren)
5292 Meter (Damen)

Infrastruktur
keine Driving Range,
Skycaddie-Vermessung

Gäste
willkommen, HCP-Nachweis (36),
VcG zugelassen

Greenfee
90 € täglich
Ermässigtes GF im Winter/Nebensaison,
sowie ab 15.30 Uhr
Jugendliche bis 18: div. Ermäßigungen

18

WER IN DEN ROUGHS DIE ORIENTIERUNG VERLIERT, MUSS NUR NACH DEM LEUCHTTURM AUSSCHAU HALTEN. EIN PLATZ FÜR SEH- UND SEELEUTE.

GOLF-CLUB SYLT, WENNINGSTEDT

Immer in Richtung LEUCHTTURM

Zwischen Strand, den Sanddünen und dem beschaulichen Wattenmeer von Sylt gibt es eine eher unbekannte Seite der Nordseeinsel: den Geestkern. Auf diesen kargen Böden mitten auf dem Eiland hat sich eine ganz eigene Natur ausgebreitet, die ebenfalls dem Küstenklima trotzen muss. Dazu gehören niedriger Strauch- und Baumbewuchs, Tümpel und Gräben, Heidekraut und grüne Wiesen. Auf diesem Gelände hat sich der 1984 gegründete Sylter Golfclub zwischen Wenningstedt, Braderup und Kampen auf etwa 60 Hektar angesiedelt. In der Nähe des Insel-Wahrzeichens, des Kampener Leuchtturms, gibt es einen sportlichschwierigen 18-Löcher-Championship-Platz (bis zu 6135 Meter lang) und einen 6-Löcher-Kurzplatz „Gaadt-Course".

Die Anlage ist von großen Teichen und Gräben, 84 Bunkern, naturbelassenem Rough und einem Heidebiotop durchzogen. Sogar vorgeschichtliche Grabhügel gibt es auf dem nördlichsten Golfplatz Deutschlands. Dank des milden Nordseeklimas ist er ganzjährig bespielbar. Allerdings: Die Küstenwinde sorgen für Überraschungen auf der Scorekarte. Es sind vor allem die Par 4-Löcher, die einem ein gutes Resultat verderben könnten. Als schwierigstes gilt das 9. Loch (416 Meter): Zweimal versperren Wasserhindernisse das freie Anspiel. Die 10. Bahn ist zwar nur 290 Meter lang, und der Spieler hat die Flagge stets klar im Blick: Bis dahin aber ist das unebene Gelände mit Wasser und Buschwerk sehr unübersichtlich ... Zur Orientierung gibt es zum Glück den Leuchtturm!

Fotos: Hans Wessel, www.jessel.de

Nicht immer geht es im hohen Norden so idyllisch zu. Der stürmische Nordseewind erzieht den Golfer zu einer betont strategischen Spielstrategie – sonst ist Badetag.

A B S C H L A G

Golf-Club Sylt
Norderweg 5, 25996 Wenningstedt/Sylt
Telefon +49 (0)4651-9959810
info@golfclubsylt.de
www.golfclubsylt.de

Pro-Shop
Telefon +49 (0)4651-9959831

Restaurant
Im Clubhaus (Montag Ruhetag),
Telefon +49 (0)4651-9959341

Platz
5733 Meter (Herren)
4949 Meter (Damen)

Infrastruktur
Driving Range
(50 Abschläge, davon 6 überdacht,
im Winter beheizt), 6-Löcher-Kurzplatz

Gäste
willkommen, HCP-Nachweis (54),
Softspikes

Greenfee
80 € täglich / Hauptsaison;
40 € täglich / Wintersaison
Jugendliche: 50 % Ermäßigung

19

GOLF- & LANDCLUB GUT UHLENHORST

DEN GOLFERN IHR HORST

MAN KANN ES SCHON VERSTEHEN, WENN GOLFER IHRE GANZE FREIZEIT IM GOLFCLUB VERBRINGEN. HIER IST ES FAST SO SCHÖN WIE ZUHAUSE. DAZU GROSSER SPORT UND TOLLE GASTFREUNDSCHAFT.

Donald Harradine war als Golf-platz-Architekt ein Autodidakt, der über 300 Anlagen auf der ganzen Welt gebaut hat. Stilistisch orientierte er sich an der englischen Tradition des Golfspiels. Sein Credo war es stets, die Landschaft selbst „reden zu lassen", was manchmal in einer sehr unaufdringlichen Formensprache mündete, was viele als „langweilig" fehlinterpretierten. Tatsächlich jedoch legte er sehr großen Wert darauf, strategisch kluge Anlagen zu bauen, die weniger die Longhitter begünstigten, sondern vielmehr die intelligenten und überlegten Spieler.

Ein gut platzierter Baum sorgte nach seiner Überzeugung für mindestens ebensoviel Effekt wie ein ausgedehnter Bunker, was auch erklärt, dass man auf den von Harradine gebauten Plätzen nur wenige Sandhindernisse findet. Auch in Uhlenhorst ist die Handschrift des berühmten Architekten deutlich zu erkennen. Unaufgeregt winden sich die Fairways der 27 Löcher durch die schleswig-holsteinische Landschaft. Der traumhafte Ausblick auf die Ostsee und die

Fotos: Stefan von Stengel, Golf & Foto

Typisch Harradine: Für den Schweizer Golfplatz-Architekten war es Liebe auf den ersten Blick, als er das Gelände des Gutes Uhlenhorst besichtigte. Dieser elegante, unaufdringliche Platz hat den Harradine-Charakter bis heute bewahrt.

ABSCHLAG

Golf- und Landclub
Gut Uhlenhorst
Mühlenstraße 37, 24229 Dänischenhagen
Tel. +49 (0)4349-91700
golf@gut-uhlenhorst.de
www.gut-uhlenhorst.de

Pro-Shop
Telefon +49 (0)4349-9157722

Restaurant
Laurens, +49 (0)4349-917070

Platz Rot-Weiß
5881 Meter (Herren)
5307 Meter (Damen)

Platz Blau-Weiß
5872 Meter (Herren)
5284 Meter (Damen)

Platz Rot-Blau
5777 Meter (Herren)
5255 Meter (Damen)

Infrastruktur
Driving Range
(40 Abschläge, davon 25 überdacht)

Gäste
willkommen, HCP-Nachweis, PE,
Softspikes, VcG zugelassen

Greenfee
55 € / Woche; 65 € / Wochenende
Jugendliche: 50 % Ermäßigung

leicht hügeligen Fairways harmonieren so ausgezeichnet, dass Gut Uhlenhorst als einer der Geniestreiche des Meisters gilt. Kein Wunder, dass er beim ersten Anblick des Geländes sich zu der begeisterten Aussage verstieg: „This is golfing country", was übersetzt soviel heißt, dass es der idealen Landschaft für den Golfsport entspricht.

Schließlich sorgt noch ein weiterer Aspekt für den hohen Wiedererkennungswert als echter Harradine-Parcours: Sämtliche Grüns sind von ausgezeichneter Qualität. Ob das Wetter nun gut ist oder schlecht – die Putts scheinen auf den großen und flachen Grüns einfach nicht anhalten zu wollen. Kleine versteckte Breaks machen das Lesen und Spielen zu einer echten Kunst. Mit anderen Worten – Gut Uhlenhorst gehört zu jenen Anlagen in Deutschland, bei denen man nicht auf den ersten Blick ein optisches Spektakel mit viel Schau geboten bekommt. Die eigentliche Überraschung erfolgt sehr subtil und elegant. Dies bezieht sich übrigens auch auf das Clubhaus, in dem der Gast sich sofort wie in einem zweiten Zuhause wähnt.

20

GOLFCLUB BALMER SEE, USEDOM

Frischer *WIND* FÜR DIE OSTSEE

Die sonnenreiche Ostseeinsel Usedom an der Pommerschen Bucht bietet außer Dünen, Strand und Meer auch eine überraschend hügelige Landschaft mit kleinen Wäldern und Seen. Auf einem solchen von der Eiszeit vor 15.000 Jahren geprägten Relief im Süden der Insel entstand seit 1998 in drei Schritten eine rund 120 Hektar große Golfanlage mit zwei 18-Löcher-Meisterschaftsplätzen und einem 9-Löcher-Übungsplatz. Sie liegt neben dem Dorf Balm am Achterwasser – dem ruhigen Binnenmeer zwischen Usedom und dem Festland. Hier ist es ruhig, sehr ruhig. Die Postkartenidylle mit dem sich sanft im Wind wiegenden Schilf ist hier Alltag.

Dank der welligen Struktur konnte die Golfanlage ohne größere Bodenbewegungen in die Landschaft eingefügt werden. Auch der sandige Untergrund sparte viel Mühen. Es gibt viele Wasserhindernisse und Bunker, hängende Fairways, selbst blinde Abschläge gehören hier zum Repertoire. Schließlich ist der Ostseewind ein spielbestimmender Faktor. Der (jüngere) blaue Kurs ist mit bis zu 5492 Metern etwa 400 Meter länger und einen Tick schwieriger als der gelbe Kurs.

Bahn 3 auf dem gelben Platz ist mit 108 Metern ungewöhnlich kurz – das eng von Bäumen umstellte Grün aber verlangt mentale Stärke. Bahn 9 auf dem blauen Kurs ist ein Par 4 mit doppeltem Dogleg: Der Weg zum Grün lässt sich zwar abkürzen, doch ein großes Wasserhindernis mit Schilf stört die (Flug-) Bahn. Auch die zweite Hälfte des Kurses mit drei Par 5-Löchern hat es in sich. Insgesamt ist es ein sportlicher Platz mit hohem Spaßfaktor.

Ab in die Sommerfrische! Der Golf Club Balmer See setzte an der Ostsee einen neuen Spiel-Standard.

OSTSEE-IDYLLE KOMBINIERT MIT PERFEKTER INFRASTRUKTUR. DER GC USEDOM BRINGT EINE NEUE QUALITÄT IN DIE SZENE.

Vermeintlich einfache Schläge landen unvermutet im Tiefen Rough. Eine intelligente Spielstrategie gehört zu den Aufgaben, die dieser Platz dem Golfer stellt.

ABSCHLAG

Golfclub Balmer See-Insel Usedom
Drewinscher Weg 1
17429 Benz/OT Balm
Telefon +49 (0)38379-28199
golfhus@golfhotel-usedom.de
www.golfhotel-usedom.de

Pro-Shop
Telefon +49 (0)38379-28165

Restaurant
Golfhotel, Telefon +49 (0)38379-280

Platz Blau
5492 Meter (Herren)
4796 Meter (Damen)

Platz Gelb
5111 Meter (Herren)
4438 Meter (Damen)

Infrastruktur
Driving Range
(30 Abschläge, davon 4 überdacht)

Gäste
willkommen, HCP-Nachweis (54),
Softspikes, VcG-Mitglieder zugelassen

Greenfee
65 € / Hauptsaison; 32 € / Wintersaison,
Ermäßigung für Hotelgäste,
Jugendliche: 50 % Ermäßigung

21

WEDEL, GOLFCLUB HAMBURG-HOLM

DIE KÜR DER HOLSTEINER

Ganz nah bei Hamburg und doch abseits von Siedlungen und Verkehr liegt der Platz des Golfclubs Hamburg-Holm. Die Anlage befindet sich in einem Landschaftsschutzgebiet neben den Holmer Sandbergen. Diese ehemaligen Dünen am Rande des einstigen Elburstromtals sind inzwischen größtenteils bewaldet. Daneben prägen eine typische Knicklandschaft, das Hetlinger und das Wittmoor mit Wassergräben und Teichen den ungewöhnlich weitläufigen Kurs zwischen Holm und der Stadt Wedel im holsteinischen Kreis Pinneberg. Auf mehr als 150 Hektar eines ehemaligen Gartenbaubetriebes westlich von Hamburg entstand ein ebener 27-Löcher-Platz, der in drei Varianten mit Par 72 zu bespielen ist – mit Längen von bis zu 6136 Metern.

Die 1991 eingeweihten, eher traditionell gestalteten Kurse B und C hat Donald Harradine entworfen. Relativ flache mittelschnelle Grüns, bestens verteidigt von zahlreichen Bunkern sowie hohen Roughs, sind charakteristisch. Der leichte Geestboden kann sehr viel Wasser aufnehmen, sodass der Platz auch bei feuchtem Wetter gut bespielbar ist. Deshalb kann nahezu über den ganzen Winter auf Sommergrüns gespielt werden. Unter der Regie des Architekten Kurt Roßknecht entstand 1998 zwischen dem Tävsmoor und dem Lehmweg mit dem Kurs A ein zusätzliches Schmuckstück. Leicht gewellte Spielbahnen und stark ondulierte Grüns gehören dazu. Dies und mehrere Teiche als Hindernisse lassen die Runde zu einer Herausforderung für Golfer aller Spielstärken werden.

ABSCHLAG

Golfclub Hamburg-Holm
Haverkamp 1, 25488 Holm
Telefon +49 (0)4103-91330
info@gchh.de
www.gchh.de

Pro-Shop
Telefon +49 (0)4103-913330

Restaurant
Im Clubhaus, Tel +49 (0)4103-913320

Platz A+B
6136 Meter (Herren)
5411 Meter (Damen)

Platz A+C
6114 (Herren)
5411 (Damen)

Platz B+C
6086 (Herren)
5376 (Damen)

Infrastruktur
Driving Range
(25 Abschläge, davon 12 überdacht)
Skycaddie-Vermessung

Gäste
willkommen, HCP-Nachweis (36),
WE in Mitgliederbegleitung, Softspikes

Greenfee
60 € täglich
Jugendliche bis 25 Jahre: 50 % Ermäßigung

22

Very british, very hanseatisch!

WENTORF-REINBEKER GOLF-CLUB

MEHR ALS 100 JAHRE TRADITION LASSEN SICH NICHT VERBERGEN. EIN SPIEL AUF HISTORISCHEM GOLFBODEN.

Die Club-Verantwortlichen verstanden es, mit Geschick die alten Bahnen mit den neuen zu kombinieren und zu einer Einheit zu verschmelzen. Reinbeks 2. Jahrhundert kann kommen.

ABSCHLAG

Wentorf-Reinbeker Golf-Club
Golfstraße 2, 21465 Wentorf/Hamburg
Telefon +49 (0)40-72978068
sekretariat@wrgc.de
www.wrgc.de

Pro-Shop
Telefon +49 (0)40-72979691

Restaurant
Im Clubhaus (Montag Ruhetag),
Telefon +49 (0)40-7202610

Platz
5821 Meter (Herren)
5165 Meter (Damen)

Infrastruktur
Driving Range
(20 Abschläge, davon vier überdacht)

Gäste
willkommen, HCP-Nachweis (54), WE
nur in Mitgliederbegleitung, keine Carts

Greenfee
60 € / Woche; 70 € / Wochenende
Jugendliche bis 25 Jahre: 50 % Ermäßigung

Auf der waldreichen und hügeligen Geest zwischen Hamburg-Bergedorf und dem Sachsenwald liegt einer der ältesten Golfplätze in Deutschland: die Bahnen des 1901 von örtlichen Kaufleuten gegründeten Wentorf-Reinbeker Golf Clubs. Viele der ersten Mitglieder waren im Raum Hamburg lebende Engländer und Amerikaner. 1912 wurde die Anlage erweitert, musste aber schon 1915 wegen des Krieges geschlossen und in landwirtschaftliche Flächen umgewandelt werden. Doch 1925 wurde der Club erneut gegründet. Es entstanden neun Bahnen, die sich wegen der großen Enge auf dem nur 13,5 Hektar großen Platz teilweise sogar kreuzten. Erst 1957 konnte eine großzügige und landschaftlich reizvolle Anlage von hoher, sportlicher Schwierigkeit geschaffen werden. Sie wurde bis 1992 auf 18 Löcher erweitert und zuletzt 2003 modernisiert.

Nunmehr befindet sich in Wentorf, in unmittelbarer Nähe des alten Zentrums von Reinbek mit dem Schloss, ein hügeliger Platz mit parkartigem Charakter. Die alten und die neuen Löcher wurden so gemischt, dass das Erscheinungsbild erhalten blieb. Durch den Bau von Teichen und das Einbeziehen vorhandener Knicks wurde der landschaftliche Reiz noch erhöht. Nach der Erweiterung sind die Wentorf-Reinbeker ein moderner Club geworden, der sich jedoch seiner Tradition bewusst ist. Ein alter Baumbestand begrenzt die relativ engen Fairways. Die Grüns werden teilweise von Wasserhindernissen verteidigt und haben viele Breaks. Allerdings wurde das Erlebnis auf dem Platz für kurze Zeit etwas getrübt, weil das Clubhaus nach einem Brand wieder aufgebaut werden musste.

51

23

WINSEN, GREEN EAGLE GOLFANLAGE

Von Adlern und ANDEREN BIRDIES

Im Südosten von Hamburg liegt eine der spektakulärsten Golfanlagen von Norddeutschland: Das Green Eagle-Areal in Winsen bietet drei sehr gepflegte Plätze mit 42 Löchern. Der Nord-Course ist mit 7208 Metern einer der längsten der Welt und bietet ungewöhnlich viel Wasser. Und das Design des Platzes ist bis hin zum Clubhaus und seiner Terrasse sehr auffällig: Hier zaubert ein Strand am Teich des 18. Grüns einen Hauch von Südsee in die weite Elbmarsch. Faszinierend ist, wie der erst 1997 gegründete Verein dem platten Ackerland zwischen dem Fluss Luhe und dem Naturschutzgebiet Hohes Holz auf einer Fläche von etwa 170 Hektar Kontur verliehen hat.

Das Aushängeschild ist der sehr anspruchsvolle Nord-Course von 2008. Markant sind die Längen und das dominierende Element Wasser. Die 18 Bahnen mit sechs Par 5-Löchern werden von Gräben und Teichen mit einer Fläche von 15 Hektar begleitet. Auch stark ondulierte Grüns sowie Putts bis zu 60 Metern Länge gehören dazu. Die kurz gemähten Fairways haben in der Saison nur eine Schnitthöhe von acht Millimetern. Möglich ist dies dank der Agrostisgräser, die sonst eher auf Grüns verwendet

werden. Ihre helle Farbe hebt sich stark von der dunkelgrünen Semiroughmischung ab. Die Bunker sind mit weißem, gebrochenem Granit befüllt. So entstand ein einzigartiges, kontrastreiches Farbspiel. Auf dem parklandähnlichen Süd-Course geht es etwas gemächlicher zu. Doch auch hier verzeihen ausgedehnte Wasserflächen und Roughs kaum Fehler. Hinzu kommt der öffentliche 6-Löcher-Kurzplatz. Das Trainingsareal Golfodrom ist mit 200 Abschlägen und sechs Grüns ungewöhnlich groß.

Die Mischung macht's: Green Eagle legt Wert auf gutes Golf. Daher investierte man überwiegend in die Anlage und verzichtete auf ein protziges Clubhaus.

MAN KOMMT AUS DEM STAUNEN NICHT HERAUS, WENN MAN DIE BRÜCKE ÜBERQUERT HAT, DIE PLATZ UND CLUB VERBINDET.

Fotos: Stefan von Stengel, Golf & Foto

ABSCHLAG

Golfanlage Green Eagle, Winsen
Radbrucher Str. 200 21423 Winsen
Telefon +49 (0)4171-782241
info@greeneagle.de
www.greeneagle.ce

Pro-Shop
Telefon +49 (0)4171-679937

Restaurant
Im Clubhaus, Tel +49 (0)4171-679939

Platz Nord-Course
6648 Meter (Herren)
5400 Meter (Damen)

Platz Süd-Course
6033 Meter (Herren)
5183 Meter (Damen)

Infrastruktur
Driving Range
(200 Abschläge, davon 19 überdacht)
Skycaddie-Vermessung

Gäste
willkommen, HCP-Nachweis Nord-
Course (28 Herren/36 Damen, Süd-
Course 54), Softspikes

Greenfee
50 € / Mo. bis Fr.; 70 € / Sa.
80 € / So. und Feiertage
Jugendliche: 50 % Ermäßigung

24

Ein Hauch von LUXUS

OSTSEE GOLF CLUB WITTENBECK

Die Kühlung ist ein waldreicher Höhenzug westlich vom mecklenburgischen Bad Doberan. Die mächtigen Buchenwälder und die Steilküste zur Ostsee machen diese während der letzten Eiszeit entstandene Endmoräne so reizvoll. Ihre hügelige Struktur war die Basis für die Golfanlagen des Ostsee Golf Club in Wittenbeck. Zwischen den traditionsreichen Seebädern Heiligendamm und Kühlungsborn gibt es mit dem 2007 eröffneten 18-Löcher-Meisterschaftsplatz Eikhof eine sportli-

che Herausforderung der Sonderklasse. Außer der spektakulären Topografie wird regelmäßig der gute Pflegezustand gelobt. Spieler mit höherem Handicap haben auf dem 9-Löcher-Kompaktplatz Höstingen eine Chance.

Der schöne und schwierige Platz Eikhof liegt raffiniert eingebettet auf ehemaligen landwirtschaftlichen Flächen. Bestechend sind die vielen Ausblicke von den Hügeln auf die Mecklenburger Bucht. Seine Höhen und Tiefen verhindern außerdem oft die Sicht zu benachbarten Spielbah-

nen und erzwingen so manchen Schlag in das scheinbare Nichts. Obwohl nicht ein Baum auf der Anlage steht, hat man nie das Gefühl, auf einer „kahlen Wiese" zu spielen. Viel Rough und Bunkerlandschaften, großzügige Teiche und Wasserläufe, Findlinge und Steinmauern prägen den linksartigen Platz. Manche Grüns sind extrem verteidigt, einige liegen erhöht, andere sind wie eine Insel gestaltet, manche fallen zu den Seiten ab. Nicht zuletzt trägt der immer mal wieder auffrischende Ostseewind zu Ballverlusten bei.

SO SOLL ES SEIN. ANKOMMEN UND UNBEDINGT SPIELEN WOLLEN: WITTENBECK IST EIN GOLF-SPIELPLATZ IM BESTEN SINNE.

Während sich das Auge freut, stehen beim Golfer alle Signale auf Alarm. Bunker und Wasser, wohin man schaut. Jetzt geht es darum, den richtigen Schläger zu wählen.

ABSCHLAG

Ostsee Golf Club Wittenbeck
Zum Belvedere, 18209 Wittenbeck
Telefon +49 (0)38293-410090
info@golf-resort-wittenbeck.de
www.golf-resort-wittenbeck.de

Pro-Shop
Telefon +49 (0)38293-410090

Restaurant
Bistro, Telefon +49 (0)38293-4100920

Platz Eikhof
6000 Meter (Herren)
5057 Meter (Damen)

Platz Höstinger
2750 Meter (Herren / Damen)

Infrastruktur
Driving Range
(30 Abschläge, davon 5 überdacht)
Skycaddie-Vermessung

Gäste
willkommen, HCP-Nachweis, PE,
Softspikes

Greenfee
45 € / 35 € Woche; 50 € / 40 € Wochenende, Jugendliche: 20 % Ermäßigung

Deutschland

DIE MITTE

25

GOLF CLUB AM ALTEN FLIESS

ANLEGEN IN DER KÖLNER BUCHT

EIN PLATZ OHNE FEHL UND TADEL. GUTE SPIELERISCHE QUALITÄT, GEPAART MIT EINER ÜBERDURCHSCHNITTLICHEN INFRASTRUKTUR.

Alles in bester Ordnung: Am Alten Fliess ist ein Parcours in erst-klassigem Pflegezustand und parkähnlicher Ästhetik. Architekt Kurt Rossknecht hat hier sehr gute Arbeit geleistet, ohne auf einen übertrieben „großen Auftritt" zu setzen.

G ut, dass es solche Golfclubs gibt. Clubs, in denen irgendwie alles stimmt, alles funktioniert, alles seine Ordnung hat. Der 1994 gegründete Golfclub Am Alten Fliess, nur 20 Minuten von Köln entfernt, ist solch eine Anlage. Wer hierher kommt und – vor allem am Wochenende – über eine Start-zeit verfügt, wird eine ebenso angenehme wie durchaus ambitionierte Runde spielen können. Die Fairways sind breit, von Architekt Kurt Rossknecht klassisch angelegt und haben durch die hohe Pflegequalität einen besonderen spielerischen Reiz. Vor allem auf den Grüns rauft man sich die Haare ob des Eigenlebens der kleinen Kugel, sich im letzten Moment einen anderen Weg zu suchen als man ihn eigentlich vorgesehen hatte. Schnelle und vor allem ehrliche Grüns sind längst keine Selbstverständlichkeit mehr. Man merkt, dass hier viel Sachverstand und vor allem Liebe zum Detail praktiziert wird. Das gilt auch für die Bunker, die kleinen, gemein platzierten Büsche und das strategisch intelligente Layout. Bei entsprechenden Wetterlagen mag auch das herrliche Panorama über die Kölner Bucht nicht über die Tatsache hinwegtrösten, dass man es mit einem an-spruchsvollen Platz zu tun hat – vielleicht sogar dem besten, den die Region zu bieten hat. Nur bei der Vergabe von Superlativen sollte man etwas vorsichtiger sein, denn auf so mancher Veröffentlichung brüstet man sich selbst mit der Behauptung, zu den bes-ten zehn Golfanlagen in Deutschland zu gehören. Dagegen spricht allerdings, dass es inzwischen im ganzen Land deutlich ambitioniertere Anlagen gibt, die sowohl architektonisch als auch in Fragen des Um-weltbewusstseins deutlich mehr zu bieten haben. Aber – wie gesagt – es ist gut, dass es solche Plätze gibt, die ein bestimmtes Klientel ansprechen. Herzrasen, das auf-grund der Ästhetik einer Anlage entsteht, ist immer erwünscht. Emotionen sind der perfekte Ansporn für eine gute Runde. Aber Herzrasen, das aufkommt, weil ein Platz zu anspruchsvoll ist, bewirkt mit Si-cherheit das Gegenteil. Kurz: Top 100, aber nicht Top 10.

ABSCHLAG

Golf Club Am Alten Fliess
Am Alten Fliess 66
50129 Bergheim-Fliesteden
Tel. +49 (0)2238-944 0
info@golfplatz-koeln.de
www.golfplatz-koeln.de

Pro-Shop
Telefon +49 (0)2238-944116

Restaurant
Sunset, Tel +49 (0)2238-944130

Platz Gelb-Rot
6011 Meter (Herren)
5100 Meter (Damen)

Platz Rot-Weiss
6035 Meter (Herren)
5103 Meter (Damen)

Platz Weiss-Gelb
6054 Meter (Herren)
5129 Meter (Damen)

Infrastruktur
Driving Range
(90 Abschläge, davon 30 überdacht)

Gäste
willkommen, HCP-Nachweis (36),
Softspikes, VcG zugelassen

Greenfee
75 € täglich
Jugendliche: 40 €

26

EIN KLASSIKER GIBT SICH DIE EHRE

GOLFCLUB WASSERBURG ANHOLT

Die Schönheit der flachen Landschaft prägt die 1972 von Architektenlegende Bernhard von Limburger geplante Anlage. Alter Baumbestand und strategisch gut positionierte Hindernisse machen aus dem Parcours einen echten Klassiker.

In der sehr flachen Landschaft im westlichen Münsterland, fast am Niederrhein, befindet sich das kleine Städtchen Anholt. Es liegt unmittelbar an der niederländischen Grenze und nur noch sieben Meter über dem Meeresspiegel. Hier bietet eine der größten Wasserburgen in Westfalen mit einer Parkanlage ein glanzvolles Bild. Den Burgcharakter verdankt sie einem Wehrbau aus dem 12. Jahrhundert, um den herum später ein Anwesen gebaut wurde, das an Loire-Schlösser erinnert. Burg und Park wurden 1945 durch Bomben zerstört, später aber wiederhergestellt. Unmittelbar neben dem akkurat angelegten Garten an der Wasserburg Anholt gibt es einen englischen Landschaftspark des 19. Jahrhunderts sowie das

Landschaftsschutzgebiet Anholter Schweiz mit einem Wildgehege.

Einen großen Teil der Parkanlage zwischen den beiden Flussläufen Issel und Wolfstrang konnte der örtliche Golfclub vom Fürsten zu Salm-Salm pachten. 1974 wurden hier die ersten neun Löcher eingeweiht. 1988 wurde der Platz auf 18 Löcher erweitert. Die Anlage im Einzugsbereich der Städte Bocholt, Borken, Wesel und Emmerich gilt seitdem als landschaftlich attraktiver, sportlich anspruchsvoller Turnierplatz in exzellentem Pflegezustand. Wegen der taktisch angelegten Wasserhindernisse und Bunker verlangt er präzises Spiel. Außerdem kommt hier oft genug der über die Ebene fegende Wind dazu. Der alte Baumbestand der Anlage und das

riedgedeckte Clubhaus, eine zunächst bescheidene, immer wieder erweiterte Hütte, versprühen traditionellen Charme.

BEI EINEM KURZ-URLAUB IM SCHLOSSHOTEL
MIT GOURMET-RESTAURANT LÄSST MAN DEN
ALLTAG SCHNELL HINTER SICH. DAS IST AUF
JEDEN FALL GUT FÜRS GOLF!

ABSCHLAG

Golfclub Wasserburg Anholt
Schloss 3, 46419 Isselburg-Anholt
Telefon +49 (0)2874-915120
sekretariat@golfclub-anholt.de
www.golfclub-anholt.de

Pro-Shop
Telefon +49 (0)2874-915130

Restaurant
Im Clubhaus, Tel +49 (0)2874-915124

Platz
6041 Meter (Herren)
5314 Meter (Damen)

Infrastruktur
Driving Range
(28 Abschläge, davon 9 überdacht)

Gäste
willkommen, HCP-Nachweis (45/36),
PE, WE nur in Begleitung eines Mitglieds
Softspikes, keine GPS-Geräte

Greenfee
85 € / Woche; 100 € / Wochenende
Jugendliche: 25 € / 30 €

27

BAD DRIBURGER GOLFCLUB

PARCOURS IM KURPARK

LÄNGST HAT SICH DER PLATZ UNMITTELBAR AM GRÄFLICHEN KURPARK EINEN NAMEN ALS EBENSO ENTSPANNENDE WIE LANDSCHAFTLICH REIZVOLLE ANLAGE GEMACHT.

Das ostwestfälische Bad Driburg ist bekannt für seine Kohlensäure-Industrie, sein Heilwasser und seine Parks. Im Anschluss an den Gräflichen Kurpark, einem Landschaftspark aus dem 17. Jahrhundert, ließ der örtliche Golfclub auf den ehemaligen Gutsweiden des Grafen von Bad Driburg bis 1977 einen 9-Löcher-Platz bauen. 1995 wurde der erweiterte Platz mit 18 Löchern eingeweiht. Hier im Nordosten der Stadt, oberhalb des Flusses Aa, entstanden so auf einem etwa 70 Hektar großen parkartigen Gelände abwechslungsreiche Spielbahnen.

Uralte Eichen, Waldstücke mit dunklen Fichten, Obstbäume und eine Vielfalt weiterer Büsche und Bäume unterstreichen die harmonisch in das Gelände integrierte Parklandschaft. Sie liegt im Tal der Stadt am waldreichen Naturpark Eggegebirge und südlichen Teutoburger Wald. Auen wechseln sich mit Hanglagen ab, und vom höchsten Punkt des Platzes können die Golfspieler weit hinaus in die Mittelgebirgslandschaft schauen. Naturbelassene Wasserhindernisse und großzügig angelegte Spielbahnen mit breiten Fairways kennzeichnen diese vielseitige, über die Jahrzehnte kontinuierlich verbesserte Anlage.

Abgesehen von einigen besonderen Herausforderungen gilt die Anlage als mittelschwer. Dies kommt besonders auch den Kurgästen zugute, die ihren Aufenthalt in Bad Driburg mit angenehmen, aber nicht zu anstrengenden Runden bereichern.

Das Clubhaus sorgt durch sein angenehmes Ambiente für einen netten Zwischenstopp und für den gelungenen Abschluss einer Runde auf einem sorgfältig gepflegten Platz.

ABSCHLAG

Bad Driburger Golfclub
Georg-Nave-Straße 24a,
33014 Bad Driburg
Telefon +49 (0)5253-7104
info@bad-driburger-golfclub.de
www.bad-driburger-golfclub.de

Pro-Shop
Tel +49 (0)5253-9321456

Restaurant
Am Platz, Telefon +49 (0)5253-70282

Platz
6013 Meter (Herren)
5362 Meter (Damen)

Infrastruktur
Driving Range
(20 Abschläge, davon 6 überdacht)

Gäste
willkommen, HCP-Nachweis (45), PE,
VcG zugelassen, Voranmeldung am WE,
Softpikes

Greenfee
45 € / Woche: 50 € / Wochenende
Jugendliche: 50 % Ermäßigung

28

GOLF- UND LANDCLUB BAD NEUENAHR

MIT HÖHEN UND TIEFEN

Wer die Anstrengung scheut, ist in Bad Neuenahr nicht an der richtigen Adresse. Man sollte schon die gesamte Palette der Spielmöglichkeiten beherrschen, um mit einem akzeptablen Ergebnis ins Clubhaus zu kommen.

Reizvoll auf einem Hang zwischen den Tälern der Ahr und des Rheins liegt der Platz des Golf- und Landclubs im Osten von Bad Neuenahr-Ahrweiler, nur eine halbe Autostunde von Bonn entfernt. Für die 1982 eingeweihte 18-Löcher-Anlage und einen Par-3-Platz mit neun Löchern wurden die Ländereien des Köhlerhofes umgestaltet. Diesen ehemaligen landwirtschaftlichen Betrieb erreicht man von Lohrsdorf durch das Wiesental eines Baches. Er liegt eingebettet in eine vielgestaltige Landschaft, in

der tiefe Täler, Weinberge der höchsten Bodengüteklasse, Streuobstwiesen, Busch und Wald ihren Platz haben.

Von vielen Stellen der Golfanlage bieten sich Fernblicke bis in die Eifel und auf den benachbarten Basaltkegel Landskrone mit seiner mittelalterlichen Burgruine. Der sportlich interessante Platz liegt zwar in der Hügellandschaft des Ahrtals, die Fairways verlaufen aber überwiegend ohne allzu große Neigungen. Zu Beginn des Jahrzehnts hat der Club erheblich in die Platzpflege investiert, was sich inzwischen deutlich auszahlt.

Dichter und teilweise buschiger Baumbestand entlang verschiedener Bahnen erfordern zielgenaue Drives. Strategisch gut platzierte Hindernisse bilden zusätzliche Herausforderungen in der kleinteilig mit Wald und Wiesen wechselnden Landschaft. An offenen Lagen spielt auch der Wind eine Rolle. Bei Loch 17, mit 534 Metern die längste Bahn des Platzes, gibt es fast immer Rückenwind. Doch die Annäherung aus einer Hanglage muss auch hier gut getroffen werden, da unmittelbar hinter dem Grün ein Wasserhindernis wartet.

DER EHEMALIGE KÖHLERHOF OBERHALB VON BAD NEUENAHR HAT
SICH MIT DEN JAHREN ZU EINEM DEUTSCHEN PREMIUM-PLATZ
ENTWICKELT. VIELE LIEBEVOLLE DETAILS BEREICHERN DAS SPIEL.
HINZU KOMMT DER ERSTKLASSIGE PFLEGEZUSTAND.

*Präzises und strategisches Spiel ist auf der Anlage des ehemaligen Köhlerhofes
unverzichtbar. Die schmalen Fairways erfordern Genauigkeit. Insgesamt sind die
Bahnen sehr fair angelegt. Die Qualität der Grüns ist überdurchschnittlich.*

ABSCHLAG

**Golf- und Landclub
Bad Neuenahr**
Großer Weg 100, 53474 Bad Neuenahr
Telefon +49 (0)2641-950950
sekretariat@glc-badneuenahr.de
www.glc-badneuenahr.de

Pro-Shop
Telefon +49 (0)2641-9118211

Restaurant
Köhlerhof, Telefon +49 (0)2641-6693,
Montag Ruhetag

Platz
6010 Meter (Herren)
5293 Meter (Damen)

Infrastruktur
Driving Range
(50 Abschläge, davon 8 überdacht)

Gäste
willkommen, HCP-Nachweis,
Einschränkungen am Wochenende,
VcG zugelassen, Softpikes

Greenfee
80 € / Woche; 100 € / Wochenende
Jugendliche bis 28: 50 % Ermäßigung

29

WELLNESS INKLUSIVE

DIE KOOPERATION MIT A-ROSA WAR DIE RETTUNG DES ANSPRUCHSVOLLEN PROJEKTS AM SCHARMÜTZELSEE.

GOLF CLUB A-ROSA, BERLIN, FALDO-COURSE

Das Sport- und Spa-Resort A-rosa und der Sporting Club Berlin betreiben am Scharmützelsee in Bad Saarow eine Golfanlage der Superlative. Der Nick-Faldo-Platz gilt als Deutschlands anspruchsvollster Golfplatz. Hier wurden internationale Turniere wie die German Open ausgetragen. Es ist auch die einzige 5-Sterne-Superior-Golfanlage in Deutschland, zertifiziert vom Bundesverband Deutscher Golfanlagen. Und 2010 wählte ein deutsches Golfmagazin das Hotel daneben zum zweiten Mal zum „besten Golfhotel Europas". Geboten werden in dem weitläufigen, etwa 300 Hektar großen Resort zwischen Scharmützelsee und Großem Storkower See außer Wellness, Kulinarik und Golf auch Tennis, Reiten, Wassersport und Fitness. Für Entspannung sorgen zudem lange Spazier- oder Radtouren durch die wald- und wasserreiche Umgebung der eiszeitlich geformten Region zwischen Dahme und Spree.

Das von einer gründerzeitlichen Villenkolonie geprägte Thermal- und Moorheilbad Bad Saarow liegt südlich von Fürstenwalde, etwa 70 Kilometer von Berlin entfernt.

Die Nähe zu Berlin steht vor allem auf dem Papier. Wer einen schottischen Parcours erleben will, muss unbedingt eine Runde auf dem Faldo-Platz spielen.

Zur Golfanlage gehören vier Plätze mit insgesamt 63 Löchern und erstklassigen Grüns, die sich zu jeder Jahreszeit in einem professionell gepflegten Zustand befinden. Der Links-Course des Nick-Faldo-Platzes wird durch dünenähnliche Fairways, hohes Rough und 133 mannstiefe schottische Topfbunker zu Deutschlands schwierigstem Golfplatz. Seine 1996 eröffneten Bahnen sind 6486 Meter lang. Der Arnold-Palmer-Platz (rechte Seite) entspricht eher einem typisch amerikanischen Golfplatz mit breiten Fairways und extrem großen Grüns. Dieser 6563 Meter lange Parkland Course von 1995 ist ebenfalls sehr anspruchsvoll. Die 18 abwechslungsreichen Bahnen, Bachläufe und der alte Baumbestand machen ihn überdies zu einem Naturerlebnis. Die Bahn 11 (171 Meter) wurde als schönstes Par 3 in Deutschland ausgezeichnet. Der dritte 18-Löcher-Platz, der Stan-Eby-Platz, ist seit 2001 bespielbar, ist vor allem nicht zu lang und nicht zu schwierig. Problematisch wird es für viele Spieler allerdings auf den präzise anzuspielenden Grüns. Der auf einem Hügel liegende, der Umgebung angepasste Platz bietet zudem die schönste Aussicht auf das Resort und die Umgebung. Mit der McEwan-Anlage verfügt das Resort außerdem über einen 9-Löcher-Kurzplatz für Golfanfänger.

ABSCHLAG

Sporting Club Berlin Scharmützelsee
Parkallee 3, 15526 Bad Saarow
Telefon +49 (0)33631-63300
info@sporting-club-berlin.de
www.sporting-club-berlin.de

Pro-Shop
Telefon +49 (0)33631-63620300

Restaurant
Greenside, Tel +49 (0)33631-63350

Platz Nick Faldo
6095 Meter (Herren)
5268 Meter (Damen)

Infrastruktur
Driving Range
(86 Abschläge, davon 6 überdacht)
Sky-Caddie-Vermessung

Gäste
willkommen, HCP-Nachweis (24/28),
PE, VcG zugelassen, Softpikes

Greenfee
90 € / Woche; 110 € / Wochenende
Jugendliche: 50 € / 60 €

30

TopTen
Platz

GOLF CLUB A-ROSA, PALMER-COURSE

FEINSTER ARNOLD STYLE

Als Golfplatz-Architekt laut zu sein, ist kein Problem: Man nehme einen Bagger, werfe riesige Hügel auf, grabe überdimensionale Bunker und verschwende vor allem landschaftliche Ressourcen im Übermaß. Dass man am Scharmützelsee zwei völlig verschiedene Design-Stile bedient, hat seinen Grund. Während der Nick-Faldo-Course eher zu den wilderen Linksplätzen gehört, zeichnet sich der Arnold-Palmer-Parcours durch parkähnliche Ästhetik aus. Arnold Palmer, immerhin viermaliger Sieger der US-Masters und zweimaliger Gewinner der Open Championship, kennt beide Stile. Aber in seiner eindrucksvollen Karriere hat Arnold Palmer sich als Meister der feinen Golfsprache erwiesen.

So kann der Platz in Augusta, auf dem alljährlich die US-Masters ausgetragen wird, als sein Wohnzimmer bezeichnet werden. Die strategischen Mittel, die aus einem durchschnittlichen einen besonderen Parcours machen, sind subtil und nicht unbedingt auf den ersten Blick zu erkennen. Dies gilt auch für den Palmer-Course am Scharmützelsee. Perfekte Platzpflege in Kombination mit intelligentem Layout sorgen dafür, dass die Anlage sogar deutlich schwieriger eingeschätzt wird als der optisch wesentlich auffälligere Nick-Faldo-Course auf der anderen Seite der Anlage. Keine Frage – der Palmer-Platz ist herausragend und gehört zu den Top Ten in Deutschland!

ABSCHLAG

Sporting Club Berlin Scharmützelsee
Parkallee 3, 15526 Bad Saarow
Telefon +49 (0)33631-53300
info@sporting-club-berlin.de
www.sporting-club-berlin.de

Pro-Shop
Telefon +49 (0)33631-53300

Restaurant
Greenside, Tel +49 (0)33631-63350

Platz Arnold Palmer
6078 Meter (Herren)
5361 Meter (Damen)

Infrastruktur
Driving Range
(86 Abschläge, davon 6 überdacht)
Sky-Caddie-Vermessung

Gäste
willkommen, HCP-Nachweis (36), PE,
VcG zugelassen, Voranmeldung

Greenfee
70 € / Woche; 90 € / Wochenende
Jugendliche : 40 € / 50 €

31

BERLIN, GOLF- UND COUNTRY CLUB SEDDINER SEE

Ein Amerikaner in BERLIN

I n der weitläufigen Seen- und Wald-landschaft südwestlich von Berlin betreibt der Golf & Country Club Seddiner See e.V. zwei 18-Löcher-Meisterschaftsplätze mit unterschiedlichen Schwierigkeitsgraden. Die exklusive Anlage mit einer Fläche von etwa 185 Hektar liegt nur ein kleines Stück vom Berliner Autobahnring entfernt zwischen Beelitz und Michendorf. Unter anderem elf Seen wurden hier bis 1997 auf ehemaligen Ackerflächen neu angelegt. Damit be-

kamen hier viele – auch bedrohte – Tier- und Pflanzenarten eine neue Heimat. Der Nordplatz wurde klassisch in der Tradition englischer Landschaftsparks entwickelt. Der schwierigere Südplatz direkt am Großen Seddiner See ist die einzige von dem Amerikaner Robert Trent Jones jr. in Deutschland erbaute Anlage. Sie hat mehr als 100 meistens in Form von Kleeblättern modellierte Bunker. Die Grüns sind fast so schnell wie Marmorfliesen. Trotzdem folgt dieser spielerisch wie op-

tisch gleichermaßen anspruchsvolle Platz harmonisch den natürlichen Konturen des Geländes. So gefällt er dem Auge des Spielers, der intensiv überlegen muss, mit welcher Strategie er das jeweilige Loch in Angriff nehmen will.

Der amerikanische Country-Club-Stil ist allgegenwärtig – sowohl beim Clubhaus, als auch auf dem Platz bei den Villen am Fairwayrand.

DIE GOLFANLAGE AM SEDDINER SEE IST ALLEIN WEGEN DES SÜDPLATZES EINE REISE WERT. ROBERT TRENT JONES JR. ENTWARF HIER SEINEN EINZIGEN PLATZ IN DEUTSCHLAND.

Große Hindernisse sind Programm. Punkte gutmachen kann man allenfalls beim kurzen Spiel – vorausgesetzt, man hadert nicht mit den Grüns.

ABSCHLAG

Golf- & Country Club Seddiner See
Zum Weiher 44, 14552 Michendorf
Telefon +49 (0)33205-7320
info@gcseddinersee.de
www.gcseddinersee.de

Pro-Shop
Telefon +49 (0)33205-73251

Restaurant
Am Golfplatz, Tel +49 (0)33205-73263

Platz Nord
5978 Meter (Herren)
5353 Meter (Damen)

Platz Süd
6046 Meter (Herren)
5514 Meter (Damen)

Infrastruktur
Driving Range
(80 Abschläge, 17 überdacht)

Gäste
willkommen, HCP-Nachweis

Greenfee
Ab 70 € (Nordplatz) bis 95 € (Südplatz)
Jugendliche: Ab 38 € bis 48 €

So ein Clubhaus ist auch in Deutschland einzigartig. Trotz des exklusiven Ambientes stehen Sport und Entspannung an oberster Stelle. Die Nähe zu Berlin und die gute Verkehrsanbindung machen einen Golf-Ausflug nach Seddin umso leichter.

32

TopTen
Platz

GOLF- & LAND-CLUB BERLIN-WANNSEE

ICK BIN EIN
BERLINER

ÜBER 130 JAHRE CLUBGESCHICHTE – MEHR MUSS MAN EIGENTLICH NICHT SAGEN. SÄMTLICHE HÖHEN UND TIEFEN HAT DIESE ANLAGE MITERLEBT.

Der 1895 als Berlin Golf Club gegründete und 1924 umbenannte Golf- und Land-Club Berlin-Wannsee besteht aus einer 18-Löcher-Anlage, die 1926 gebaut und im Jahr 1930 um neun Löcher erweitert wurde. Während des 2. Weltkrieges diente die Golfanlage als Truppenübungsplatz.

Allein das stylische Clubhaus mit seinem überdurchschnittlichen Restaurant ist eine Golfreise wert. Für die 1800 Mitglieder des Clubs und deren Gäste legt man größten Wert auf hohe Qualität und aufmerksamen Service.

Wenn man die wechselvolle Geschichte des Clubs liest, hat man eine vage Vorstellung davon, wieviel der Sport dem ältesten Golfclub Deutschlands zu verdanken hat. Zwei Jahreszahlen sagen schon fast alles: Der Club wurde 1895 von englischen und amerikanischen Diplomaten gegründet und war 1907 maßgeblich an der Gründung des Deutschen Golf Verbandes beteiligt. Dass Wannsee natürlich auch während und nach dem 2. Weltkrieg so manche Schramme abbekommen hat, ist heute längst nur noch Geschichte.

Zu verdanken ist es den Mitgliedern, die es geschafft haben, aus einem durchaus angestaubten Traditionsverein einen modernen Sportclub zu machen. Vorbildliches Jugendtraining, erstklassige Infrastruktur, traumhaft gepflegter Platz. Als Gast läuft man ständig auf historischem Boden und erlebt den Sport von seiner modernen Seite. Ganz gleich, ob man am Abschlag steht oder auf den schnellen Grüns – niemals hat man den Eindruck, die Zeit sei stehengeblieben.

Im Gegenteil – wer kann zum Beispiel von sich behaupten, ein beheiztes Putting-Grün zu besitzen, das ganzjährig ohne Einschränkungen genutzt werden kann? Sportlich verlangt der Platz viel, dank seiner vielen Höhenunterschiede und der hängenden Lagen. Kein Wunder, dass hier immer noch das Herz des deutschen Golfsports schlägt.

ABSCHLAG

Golf- & Land-Club Berlin-Wannsee
Golfweg 22, 14109 Berlin
Tel. +49 (0)30-8067050
info@wannsee.de
www.wannsee.de

Pro-Shop
Telefon +49 (0)30-30570619

Restaurant
Telefon +49 (03)0-30570692

Platz
5875 Meter (Herren)
5205 Meter (Damen)
Audi-Course: 2997 Meter (Herren)
2523 Meter (Damen)

Infrastruktur
Driving Range
(26 Abschläge, davon 7 überdacht)

Gäste
willkommen, HCP-Nachweis (36), DE,
Softspikes, WE nur in Begleitung eines
Mitglieds

Greenfee
120 € / Woche; 100 € / Wochenende
Jugendliche: 50 % Ermäßigung

33

GOLF-RESORT BITBURGER LAND

TANZ UND SPIEL AUF DEM VULKAN

Der Zauber der dünn besiedelten Eifel umfängt den Spieler des Golf Resorts Bitburger Land. Es liegt einige Kilometer nordwestlich des Städtchens Bitburg am Randes eines riesigen Naturparks in der Südeifel. Dieses vulkanisch geprägte Mittelgebirge im Westen von Rheinland-Pfalz steht für viel Ruhe und sanfte, wellige Landschaften mit idyllischen Tälern, ausgedehnten Wäldern und kleinen Ortschaften.

Die liebliche Landschaft und ein sanfter Tourismus haben die Eifel zu einer beliebten Golfregion gemacht, in der die Plätze harmonisch in die Umgebung eingebettet wurden. So liegt der Golfplatz des Resorts Bitburger Land in Wißmannsdorf auf einem Hang oberhalb vom Bitburger Stausee und der im Tal stark mäandrierenden Prüm in 350 Meter Höhe.

Auf dem 100 Hektar großen Gelände unterhalb vom Bedhard-Wald wurde nach zwei Jahren Bauzeit 1995 ein großzügiger 18-Löcher-Platz mit einer Länge von 6104 Metern eingeweiht. Dazu gehören ein Kurzplatz mit drei Löchern und ein komfortables Clubhaus. Die ausgeklügelten Bahnen haben so markante Namen wie „Stoßgebet" oder „Tal der Tränen" und versprechen mit ihren gepflegten Fairways und Grüns ein Spielerlebnis der Extraklasse. „Lieber nicht im Wasser, als zu tief im Sand" heißt das Loch 12 – Bunker und Wasserhindernisse gibt es reichlich. Dieser Meisterschaftsplatz wurde spielstrategisch nach amerikanischem Vorbild angelegt, passt sich aber in die Umgebung ein. Bitburg wird zu Recht von vielen als Top-Anlage in Deutschland gehandelt.

DIE TYPISCHE EIFELLANDSCHAFT IST DER GRÖSSTE TRUMPF DER ANLAGE. ERHEBENDE AUSBLICKE UND ANSPRUCHSVOLLES GOLF IN EINEM.

Als das Clubhaus Mitte der 90er Jahre eröffnet wurde, beeindruckte es vor allem durch Größe. Heute lässt es etwas an Charme vermissen.

Rund um den Bitburger Stausee entstanden zahlreiche Freizeiteinrichtungen. Der Golfclub gilt wegen seines Pflegezustands und der perfekten Einbindung in die Landschaft zu den besten deutschen Plätzen.

Körperliche Fitness sollte man haben – und wenn nicht – spätestens die großen Höhenunterschiede auf dem Gelände sorgen dafür. Perfekt wurde das amerikanische Platzdesign in die Landschaft eingepasst.

ABSCHLAG

Golf-Resort Bitburger Land
Zur Weilersheck 1,
54636 Wissmannsdorf
Telefon +49 (0)6527-92720
info@bitgolf.de
www.bitgolf.de

Pro-Shop
Telefon +49 (0)6527-92720

Restaurant
Nachdemspiel, Tel +49 (0)6527-927227

Platz
6104 Meter (Herren)
5326 Meter (Damen)

Infrastruktur
Driving Range
(30 Abschläge, davon 12 überdacht)

Gäste
willkommen, HCP-Nachweis, PE,
Softspikes, VcG zugelassen

Greenfee
60 € / Woche; 70 € / Wochenende
Jugendliche: 50 % Ermäßigung

34

GUMMIBÄRCHEN-FABRIKANT
HANS RIEGEL VERWIRKLICHTE
SICH SEINEN TRAUM VOM GOLF

BOPPARD, GOLFCLUB JAKOBSBERG

EINLOCHEN IM KLOSTERGARTEN AM RHEIN

ABSCHLAG

Jakobsberg Hotel & Golfanlage
Im Tal der Loreley, 56154 Boppard
Telefon +49 (0)6742-808491
golf@jakobsberg.de
www.jakobsberg.de

Pro-Shop
Telefon +49 (0)6742-899273

Restaurant
Bistro, Telefon +49 (0)6742-808171

Platz 1
5950 Meter (Herren)
5195 Meter (Damen)

Infrastruktur
Driving Range
(20 Abschläge, davon 5 überdacht)

Gäste
willkommen, HCP-Nachweis, PE,
VcG zugelassen

Greenfee
62 € / Woche; 69 € / Wochenende
Jugendliche bis 25: 52 € / 59 €

Manche träumen davon – hier ist es Realität: Der Blick auf das romantische Rheintal mit Weinbergen, Wäldern und Burgen entschädigt sogar für manche Niederlage auf dem Golfplatz Jakobsberg. Er liegt im Norden von Boppard zwischen Koblenz und Mainz, auf den Höhen des Rheinischen Schiefergebirges über einer Schleife des großen Flusses. Gegenüber ist der Naturpark Nassau zu sehen, daneben die markante Marksburg in Braubach. Unmittelbar neben der 1993 eröffneten Golfanlage mit 18 Löchern liegt das Golfhotel, das einst ein Kloster war. Außer Golf bietet das Resort am Jakobsberg auch Plätze für Tennis, Badminton und Squash sowie ein Schwimmbad mit Sauna und Solarium an. Dank der abgelegenen Lage ist es hier extrem ruhig.

Der hügelige Platz hat ein anspruchsvolles Level. Es gibt jeweils vier verschiedene Abschläge: Die Meisterschaftsrunde hat eine Länge von 6200 Metern (Par 72). Die Fairways sind stark modelliert, es gibt große und kleine Bunker sowie zahlreiche Wasserhindernisse und sehr stark ondulierte Grüns. Vor allem die Par 4-Löcher haben es in sich, zum Beispiel das 2. Loch. Es ist mit einer Länge von 369 Metern das schwierigste des Platzes. Der Ball muss hier sauber in einer Apfelbaumplantage landen, damit er anschließend noch seinen Weg zum bergauf liegenden Grün findet. Bei dem spektakulären Loch 6 quert ein 130 Meter breiter Graben die Bahn. Das Loch 15 (ebenfalls ein Par 4) ist sogar 420 Meter lang. Zudem muss der Golfer hier mit dem oft über dem Rheintal herrschenden Wind rechnen.

35

Insel der GLÜCKSELIGKEIT

GOLF- & LANDCLUB COESFELD

HIER STIMMT EINFACH ALLES – DER PLATZ, DIE NATUR UND DAS AMBIENTE. ALS GOLFER HAT MAN NUR MIT SEINEM EGO ZU KÄMPFEN.

Am 13. Loch überschlagen sich die Ereignisse. Wegen der auffälligen Gestaltung des Doglegs nach rechts teilt sich die Spielerschaft in zwei Gruppen auf: Besonnene Golfer folgen konservativ dem Verlauf der Bahn, während mutige Zeitgenossen die Abkürzung wählen, um mit dem zweiten Schlag das Grün zu erreichen. Was theoretisch möglich ist, verhindert jedoch häufig das umliegende Wasser und die clever angelegten Bunker. Und so entscheidet sich an dieser 13. Bahn oft das Schicksal, ob es am Ende für ein gutes Ergebnis reicht oder man zu der Erkenntnis gelangt, künftig demütiger zu spielen.

Coesfeld „ist Golf in reizvoller und ruhiger Natur" – wie der Club von sich selbst behauptet. Was eher behäbig klingt, ist auf dieser Anlage jedoch eine zutreffende und ehrliche Beschreibung. Zahlreiche Biotope, Wallhecken, Streuobstwiesen und Teiche sorgen von der ersten bis zu letzten Bahn für ein beeindruckendes Naturerlebnis. Dies bedeutet freilich nicht, dass darunter das Spiel leidet – ganz im Gegenteil. Sämtliche Löcher des bereits seit 1986 existierenden Platzes sind so abwechslungsreich gestaltet, dass man angesichts des Spielwitzes immer wieder aufs Neue herausgefordert wird.

Trotzdem kommen sowohl einstellige Handicapper ebenso auf ihre Kosten wie Anfänger. Denn – wie bereits erwähnt – gibt es auch immer den Weg für den vorsichtigen Spieler. Und wer zuletzt lacht …

ABSCHLAG

Golf- & Landclub Coesfeld
Stevede 8a, 48653 Coesfeld
Tel. +49 (0)2541-5957
info@golfclub-coesfeld.de
www.golfclub-coesfeld.de

Pro-Shop
Nein

Restaurant
Telefon +49 (0)2541-5983

Platz
6127 Meter (Herren)
5221 Meter (Damen)

Infrastruktur
Driving Range
(16 Abschläge, davon 6 überdacht)

Gäste
willkommen, HCP-Nachweis (45/36),
PE, VcG zugelassen, Softspikes

Greenfee
60 € / Woche; 80 € / Wochenende
Jugendliche 50 % Ermäßigung

36 GRÜNES GEWÖLBE
im Süden der Stadt

GOLFCLUB DRESDEN-ELBFLORENZ

GOLF HAT IN DRESDEN EINE LANGE TRADITION. WAS FRÜHER NUR WENIGEN VORBEHALTEN WAR, KOMBINIEREN HEUTE VIELE MIT EINEM KULTURPROGRAMM.

Auf dem Gelände des Golfclubs Elbflorenz befindet sich das denkmalgeschützte Schillgut, die Geburtsstätte des deutschen Freiheitskämpfers Ferdinand von Schill. Allerdings dürfte der wenig hilfreich sein, um sich aus misslicher Lage zu befreien.

Direkt nach der Wende gab es von ehrgeizigen Investoren Planungen, den Vorkriegs-Golfplatz am Weißen Hirsch wiederzubeleben. Die Anlage, auf der sich nun Hunderte von Kleingärten befanden, war in ihrer Grundstruktur noch zu erkennen. Doch sollte es noch bis Mitte der 90er-Jahre dauern, ehe sich dieser Plan in Ullersdorf in die Tat umsetzen ließ.

Der Golfplatz in Possendorf, der sich heute Dresden-Elbflorenz nennt, ging bereits 1992 an den Start. Nur wenige Autominuten vor den Toren der sächsischen Landeshauptstadt treffen die Golfer auf eine Anlage, die dem Museum „Grünes Gewölbe" in der Stadt im wahrsten Wortsinne alle Ehre macht. Mit großem Geschick wurden die 18 Bahnen in die wellige Landschaft eingepasst, ohne dabei den Charakter der Umgebung zu vernachlässigen.

Natürlich hatte das Gelände am ehemaligen königlichen Poisenwald auch eine besondere Vegetation zu bieten, die es dem Platzplaner recht einfach machte. So verlaufen die vier Waldbahnen 12 bis 15 durch das parkähnliche Anwesen. Dazu passend ist das moderne und eher zurückgenommene Clubhaus mit seiner offenen Architektur. Hier wird bewusst die Zwiesprache zwischen der traditonellen Umgebung und den modernen Erfordernissen eines Sportbetriebes gepflegt.

Da Gastlichkeit in Sachsen ohnehin großgeschrieben wird, ist es für die Verantwortlichen selbstverständlich, dass Sport und Gesellschaft an diesem Ort ihre selbstverständliche Heimat haben. Und was kann es Schöneres geben, als eine Kulturreise nach Dresden mit einer sportlichen Herausforderung zu kombinieren?

Traditionelles Golf einerseits, ein modernes Clubhaus andererseits. Dieser Kontrast macht den Reiz der Anlage aus, die sich nur zwölf Kilometer südlich von Dresden befindet.

Sehr geschickt wurden ausgedehnte Wasserhindernisse in die Platzplanung integriert. Allerdings verzeiht der Platz daher kein unpräzises Spiel.

ABSCHLAG

Golfclub Dresden-Elbflorenz
Ferdinand-von-Schill Str. 4 a,
01728 Possendorf
Telefon +49 (0)35206-2430
info@golfclub-dresden.de
www.golfclub-dresden.de

Pro-Shop
Telefon +49 (0)35206-251663

Restaurant
Am Platz (Montag Ruhetag),
Telefon +49 (0) 35206-22904

Platz
5996 Meter (Herren)
5384 Meter (Damen)

Infrastruktur
Driving Range
(40 Abschläge, davon 10 überdacht)

Gäste
willkommen, HCP-Nachweis, PE,
Softspikes, Voranmeldung erforderlich

Greenfee
60 € / Woche; 80 € / Wochenende
Jugendliche: 40 € / 55 €

37

DÜSSELDORF, KOSAIDO INTERNATIONAL GOLF CLUB

JAPANISCHER ZAUBERGARTEN

Edles Clubhaus-Ambiente. In der stilvollen Ökonomie legt man großen Wert auf den Grenzgang zwischen europäischer und asiatischer Esskultur.

Eigentlich sollte an dieser Stelle das Porträt des Golfclubs Hubbelrath stehen, der zwischen Düsseldorf und Mettmann, in den hügeligen Ausläufern des Bergischen Landes, zwei sehr unterschiedliche 18-Löcher-Plätze betreibt. Tatsache ist, dass der 1961 gegründete Club und von Bernhard von Limburger angelegte Parcours eine Ausnahmestellung in Deutschland einnimmt. Er war nicht nur achtmal Austragungsort für die German Open, sondern zählt auch zu den schönsten parkartigen Plätzen in Deutschland. Doch Hubbelrath ist ein Club nach alter Schule – und nach reiflicher Überlegung musste er an dieser Stelle Platz machen für eine Anlage, die in Deutschland ihresgleichen sucht.

Der Kosaido International Golfclub Düsseldorf ist für all jene, die das Besondere suchen, eine echte Alternative. Japanische und europäische Kultur scheinen hier ineinanderzufließen. Ein deutscher Investor und ein japanischer Platzarchitekt haben in unmittelbarer Nähe zum Traditionsclub Düsseldorf-Hubbelrath ein Kleinod geschaffen, das alleine eine Reise wert ist. Sofort bei der Auffahrt auf das Gelände wird man das Gefühl nicht mehr los, hier in eine andere Welt einzutreten. Der fast seltsam wirkende Herrenhaus-Neubau sorgt zusätzlich dafür, dass man den Parcours wie einen Abenteuer-Spielplatz betritt. Die überdurchschnittliche Qualität der Anlage machen den Besuch zur Pflicht. Und es steht nirgends geschrieben,

dass man nicht auch noch eine Runde beim altehrwürdigen Nachbarn drehen darf. Gerade dies dürfte für Golfspieler in Düsseldorf besonders reizvoll sein. Der Kontrast zwischen europäischer Tradition und japanischer Moderne.

SO EINEN PLATZ GIBT ES IN
DEUTSCHLAND KEIN ZWEITES MAL:
DER ASIATISCHE CHARAKTER SORGT
FÜR ABWECHSLUNG.

*Pflege mit der Nagelschere Im Kosaido Golf Club Düsseldorf scheinen jeder Gras-
halm, jeder Busch und jeder Baum einer bestimmten Ordnung zu unterliegen.
Man hat stets den Eindruck, der Gärtner habe gerade erst seine Arbeit beendet.*

ABSCHLAG

**Kosaido International
Golf Club Düsseldorf**
 Am Schmidtberg 11, 40629 Düsseldorf
 Telefon +49 (0)2104-7706-0
 info@kosaido.de
 www.kosaido.de

Pro-Shop
 Telefon +49 (0)2104-77060

Restaurant
 Am Platz (Montag Ruhetag),
 Telefon +49 (0)2104-770618

Platz
 5562 Meter (Herren)
 5044 Meter (Damen)

Infrastruktur
 Driving Range
 (12 Abschläge, davon 6 überdacht)

Gäste
 willkommen, HCP-Nachweis (36), PE,
 Anmeldung erbeten, VcG zugelassen

Greenfee
 50 € / Woche; 80 € / Wochenende
 Jugendliche: Keine Angaben

38

GOLF & COUNTRY CLUB ELFRATHER MÜHLE

Es klappert die Mühle an der RAUSCHENDEN STADT

ES DAUERT NICHT LANGE, BIS MAN DEM REIZ DIESES PLATZES ERLIEGT. EHRLICH UND UNEITEL BEREITET ER DEM SPIELER EINE GUTE RUNDE.

Die Landschaft am Niederrhein ist zwar flach, aber keineswegs reizlos. Der Golf Club Elfrather Mühle nutzt hier eine alte Windmühle als Zentrum und herausragendes Wahrzeichen. Mit diesem Bild erinnert die Golfanlage mit den großen Teichen stark an die Landschaften in den benachbarten Niederlanden. Die Elfrather Mühle ist ein 1823 erbauter Turmholländer und hat bis 1941 Getreide vermahlen. Später umfassend restauriert, gehört sie zum gleichnamigen Hof, der auch dem Stadtteil Elfrath in Krefeld seinen Namen gab. Um die Mühle herum wurde auf insgesamt 96 Hektar ein großzügiger 18-Löcher-Meisterschaftsplatz angelegt. Das stark mit einzelnen Bäumen und Sträuchern gegliederte Gelände ist relativ flach, hat aber eine wellige Oberflächenkontur. Dazu gehören treue Grüns und satte Fairways, dazwischen Wasser- und Sandhindernisse. Dank hervorragender Drainage und dem Aufbau der Grüns ist es ein Ganzjahresplatz, auf dem selbst im Winter nicht im Matsch herumgestochert oder auf holprigen Wintergrüns eingelocht werden muss. Von den Profi-Abschlägen ist er 6251 Meter lang und selbst für Könner eine echte Herausforderung. Mehrfach fand hier mit dem Vodafone Challenge das größte Golfturnier auf deutschem Boden statt – all dies in unmittelbarer Nähe zu den rheinischen Metropolen im Norden Krefelds. Dank eines versteckt gelegenen Hotels in Platznähe eignet sich Elfrath sogar als Kraftoase für ein verlängertes Wochenende.

Dass Elfrath zu den Top-Anlagen in Deutschland gehört, ist letztlich auch ein Ergebnis der konsequenten Arbeit am Gesamtangebot. Platz und Clubhaus bilden eine harmonische Einheit.

A B S C H L A G

Golf- & Country Club Elfrather Mühle
An der Elfrather Mühle 145,
47802 Krefeld-Traar
Telefon +49 (0)2151-49690
info@gcem.de
www.gcem.de

Pro-Shop
Telefon +49 (0)2151-6446363

Restaurant
In der Mühle, Tel +49 (0)2151-7899722

Platz
6100 Meter (Herren)
5293 Meter (Damen)

Infrastruktur
Driving Range
(20 Abschläge, davon 7 überdacht)
Skycaddie-Vermessung

Gäste
willkommen, HCP-Nachweis (54), PE,
Softspikes

Greenfee
60 € / Woche; 65 € / Wochenende
Jugendliche: 50 % Ermäßigung

39

GOLFCLUB ESSEN-HEIDHAUSEN

Wie aus GUT NOCH BESSER wurde

Der Süden der Ruhrgebietsmetropole Essen ist für viele verblüffend grün. Diese hügelige Landschaft südlich des Baldeneysees, schon fast in Velbert, ist das Zuhause des 1970 gegründeten Golfclubs Essen-Heidhausen. 2010 wurde der 18-Löcher-Kurs Hespertal aufwändig renoviert. Er war bis 1976 nach dem Konzept von Donald Harradine gebaut worden. Besonders auffällig sind jetzt seine etwa 50 nach den Plänen von Christoph Städler neu gestalteten Bunker mit sehr hellem Sand als neuem Markenzeichen. Es versteht sich von selbst, dass Fairwaybunker hinzukamen oder zeitgemäß an die relevanten Drivezonen verlegt wurden.

Drei neue Teiche sind nicht nur im Spiel schön anzusehen, sie sind auch das Reservoir für die neue Bewässerungsanlage. Städler hatte auch den 1999 auf demselben Gelände eröffneten Platz Schauinsland mit neun Löchern gestaltet. Mit einer Länge von 2066 Metern (Par 32) ist dies ein kurzer, nur leicht welliger, jedoch trickreicher Parcours und ein Schmuckkästchen. Er verwöhnt mit atemberaubenden Blicken in das Land hinein.

Das insgesamt etwa 80 Hektar große Golfplatzgelände liegt in einem Landschaftsschutzgebiet, war ursprünglich landwirtschaftlich genutzt worden. Hier finden sich üppige und zum Teil sehr alte Busch- und Baumgruppen, Teiche und Bachläufe. Der Abschlag des Hespertal-Lochs 6 ist

mit 202,5 Metern Höhe auch der höchste Gipfel von Essen: Von dort geht es 339 Meter zügig bergab auf ein Grün, das nun von zwei Teichen bewacht wird. Insgesamt etwa 100 Meter Höhendifferenz auf dem Platz und viele Schräglagen verlangen ein präzises Spiel. Legendär ist die 165 Meter lange Schlucht vor dem Hespertal-Loch 11: Auf der 493 Meter langen Bahn (Par 5) müssen die Schläge zwischen den Bunkern auf dem schmalen Fairway genau passen, damit er mit dem dritten Schlag überwunden werden kann.

HUT AB VOR DEM RE-DESIGN: MODERN SPIELEN, DOCH DAS UR-KONZEPT VON DONALD HARRADINE BLIEB ERHALTEN.

ABSCHLAG

Golfclub Essen-Heidhausen
Preutenborbeckstr 35, 45239 Essen
Telefon +49 (0)201-404111
info@gceh.de
www.gceh.de

Pro-Shop
Telefon +49 (0)201-4793997

Restaurant
Gerd Dimsat (Montag Ruhetag),
Telefon +49 (0)201-402808

Platz
5877 Meter (Herren)
5135 Meter (Damen)

Infrastruktur
Driving Range
(12 Abschläge, davon 5 überdacht)
Indoor-Trainingsanlage

Gäste
willkommen, HCP-Nachweis (36),
WE nur in Begleitung eines Mitglieds

Greenfee
60 € / Woche; 50 € / Wochenende
Jugendliche: 50 % Ermäßigung

Auch wenn der Sommer 2010 seine Spuren hinterließ, so ist die Anlage ein Paradebeispiel dafür, dass ein älteres Platzkonzept durchaus modern wirken kann. Die offene Landschaft verleiht den Löchern einen amerikanischen Charakter.

40

WER HIER MITGLIED IST, GEHÖRT ZUR BES-
SEREN FRANKFURTER GESELLSCHAFT. ZUM
GLÜCK SIND AUCH GÄSTE WILLKOMMEN.

FRANKFURTER GOLF CLUB

Grüne Waldoase mitten in FRANKFURT

ABSCHLAG

Im Jahr 2007 wurden sämtliche Grüns und einige Bunker der Anlage von Grund auf saniert. Am ehrwürdigen Charakter der Anlage änderte dies natürlich nichts.

Der Platz des Frankfurter Golf Clubs ist etwas Besonders: Die 80 Jahre alte Anlage ist mit ihrer Umgebung längst eins geworden. Und sie liegt zentral am Rande des Stadtwaldes in Frankfurt-Niederrad. Bedeutende Fabrikantenfamilien hatten den Club schon 1913 gegründet. Für den Wohnungsbau mussten sie das Hofgut Goldstein verlassen und ließen sich 1927 von dem britischen Architekten Harry Colt einen 63 Hektar großen 18-Löcher-Platz in der Nähe entwerfen.

Unter geschickter Ausnutzung der Natur gelang es Colt, einen sportlich anspruchsvollen und abwechslungsreichen Golfplatz ohne künstliche Einlagen zu bauen. Die Bahnen sind von breiten Waldstreifen mit einzelnen Lichtungen eingerahmt. Sie bieten außer frischer Waldluft und einem kleinen Ausflug in die Waldbotanik auch Einblicke in die Erdgeschichte: Denn sie verlaufen parallel zu verlandeten Ablaufrinnen des Mains aus der Eiszeit. Die Rinnen werden von Sanddünen überlagert, die heute als Plateaus für Abschläge und Grüns dienen. Die Fairways sind zum Teil offen, zum Teil recht eng, die Bunker an den Dünenhängen fügen sich nahtlos ein.

Frankfurter Golf Club
Golfstraße 41, 60528 Frankfurt
Telefon +49 (0)69-66623180
info@fgc.de
www.fgc.de

Pro-Shop
Telefon +49 (0)69-6652441

Restaurant
Am Platz (Montag Ruhetag),
Telefon +49 (0)69-6653377

Platz
6065 Meter (Herren)
5298 Meter (Damen)

Infrastruktur
Driving Range
(24 Abschläge, davon 4 überdacht)
Skycaddie-Vermessung

Gäste
willkommen, HCP-Nachweis (32),
Voranmeldung erforderlich, WE nur in
Begleitung eines Mitglieds

Greenfee
90 € / Woche; 110 € / Wochenende
Jugendliche: 50 % Ermäßigung

41

DIE NEUE GOLF-ARENA AM LIMES

GOLF CLUB HOFGUT GEORGENTHAL

ERST IM JAHR 2016 WURDE DER PLATZ ERÖFFNET, DOCH DIE ANLAGE ZÄHLT JETZT SCHON ZU DEN BESTEN DEUTSCHLANDS.

Hut ab für die Betreiber des Hofgutes Georgenthal, mitten im Taunus, 20 Autominuten nördlich von Wiesbaden gelegen. Ein Links-Course in den Hügeln – allein der Blick über das Gelände ist beeindruckend. Wie in einem Amphitheater verlaufen die 18 Spielbahnen rund um das 300 Jahre alte Hofgut, das die Betreiberfamilie Hankammer seit 1995 in ein 4-Sterne-Wellnesshotel umgebaut hat. Tatsächlich wirkt der neue Platz durch sein trichterförmiges Gelände wie eine natürliche Arena, mit der Golfplatz-Architekt Christian Althaus sehr spielerisch umging und ein Kleinod geschaffen hat, das seinesgleichen in Deutschland sucht.

Vor allem der selbstverständliche Verlauf der Bahnen lässt die Höhenunterschiede vergessen und macht aus jedem Loch eine echte Herausforderung. Attraktiv gestaltete und strategisch platzierte Bunker bewachen die traumhaften, in die Landschaft integrierten Grüns. Nichts wurde bei der Planung und Umsetzung dem Zufall überlassen, zumal sich das Areal im Bereich des Unesco-Weltkulturerbes Limes befindet. Der sorgsame Umgang mit der Natur spiegelt sich auch beim Thema Wasser wider. So werden die Grüns, Abschläge und Fairways ausschließlich mit Brauchwasser beregnet.

Ohne Zweifel ist der Golfplatz des Hofgutes Georgenthal eines der aufregendsten Golfprojekte, das in Deutschland in den letzten Jahren entstanden ist. Es zeigt gleichermaßen einerseits ein neues Bewusstsein für die Natur und andererseits den Anspruch, die Tradition des Sports neu zu interpretieren. Da kann man nur sagen: Chapeau!

Schroffe und sanfte Bereiche haben im Hofgut Georgenthal (im Hintergrund zu sehen) dieselbe Funktion: Das Auge und den Golfer auf seiner Runde zu fordern.

ABSCHLAG

Golf Club Hofgut Georgenthal
Golf Club Hofgut Georgenthal
Georgenthal 1, 65329 Hohenstein
Tel. +49 (0)6128-943523
golfshop@hofgut-georgenthal.de
www.golf-im-georgenthal.de

Pro-Shop
Telefon +49 (0)6128-943523

Restaurant
„Giorgios", Tel +49 (0)6128-943175

Platz
5216 Meter (Herren)
4448 Meter (Damen)

Infrastruktur
Driving Range
(40 Abschläge davon 5 überdacht)

Gäste
willkommen, HCP-Nachweis,
VcG zugelassen, Startzeiten erforderlich

Greenfee
70 € / Woche; 100 € / Wochenende
Jugendliche bis 18: 50 % Ermäßigung
Studenten, Azubi: 20 % Ermäßigung

42

HAMELNER GOLFCLUB SCHLOSS SCHWÖBBER

Auf den Fairways DES LÜGENBARONS

WER AM 19. LOCH MIT RUNDEN VON 20 UNTER PAR ODER MEHREREN GESCHLAGENEN ASSEN PRAHLT, HAT SICH EINDEUTIG VOM MÜNCHHAUSEN-VIRUS ANSTECKEN LASSEN.

Golferherz, was willst du mehr? Der Hamelner Golfclub bietet zwei unterschiedliche und topgepflegte 18-Löcher-Plätze, die ein sehenswertes Schlosshotel mit Park umrahmen. Schattiger Baumbestand und grandiose Ausblicke auf das Weserbergland gehören ebenfalls zu diesem Fünf-Sterne-Ensemble. Schwöbber ist ein dreiflügeliges Wasserschloss bei Aerzen-Königsförde in Niedersachsen und eines der bedeutendsten Bauten der Weserrenaissance.

Direkt an dem aus dem 16. Jahrhundert stammenden Schlossbau bietet der 1991 gegründete Club kurze Runden auf seinem Lucia-von-Reden-Platz an. Die feinen 2813 Meter mit Par 59 sind ideal für Menschen, die mal zwischendurch eine schnelle Runde spielen oder sich testen wollen. Hier haben Golfer aller Spielstärken ihre Freude. An trickreichen, teils engen und mit vielen Wasserhindernissen und Bunkern gespickten Bahnen lernt man schnell, präzise zu spielen. Der auf kleinem Raum gestaltete Platz rund um den Beberbach ist auch dank seines alten Baumbestandes ein Kleinod.

ABSCHLAG

**Hamelner Golfclub
Schloss Schwöbber**
Schwöbber 8, 31855 Aerzen
Telefon +49 (0)5154-9870
info@hamelner-golfclub.de
www.hamelner-golfclub.de

Pro-Shop
Telefon +49 (0)5154-709743

Restaurant
Mulligan's, Telefon +49 (0)5154-704777

Platz Baron von Münchhausen
5951 Meter (Herren)
5241 Meter (Damen)

Platz Lucia von Rheden
2813 Meter (Herren)
2761 Meter (Damen)

Infrastruktur
Driving Range
(20 Abschläge, davon 20 überdacht)

Gäste
willkommen, HCP-Nachweis (54 /45),
Softspikes, Preiszuschlag für VcG

Greenfee
Ab 35 € (LvR) bis 55 € (BvM)
Jugendliche: 50 % Ermäßigung

Der knapp sechs Kilometer lange Baron-von-Münchhausen-Platz bietet spielerisch etliche Herausforderungen und Tücken, die einer gewissen Spielpraxis bedürfen. Nach den ersten fünf Bahnen in flachem Gelände am Beberbach mit einem Halbinselgrün geht es hoch in den Wald zu den großzügig angelegten Bahnen 6 bis 16. Manche in den natürlichen Landschaftsverlauf integrierte Löcher sind recht ambitioniert. Dafür entschädigen etliche Panoramablicke auf die Wiesen und Wälder des hügeligen Weserberglandes.

43

GOLF CLUB HANAU-WILHELMSBAD

PUTTEN auf herrschaftlichem Grund und Boden

Das Spiel auf dem Platz in Wilhelmsbad lebt von der Lage in der ehemaligen Fasanerie des Grafen von Hanau, Wilhelm IX., dem späteren Prinzen von Hessen-Kassel. 1779 war das Kurbad mit seinen großzügigen Anlagen im Norden von Ha-

nau, 15 Kilometer östlich von Frankfurt, fertig geworden. Eine uralte Mauer umschließt die 70 Hektar große, parkähnliche Anlage mit einem reichhaltigen, sehr alten Baumbestand, vielen Teichen und Wasserläufen.

Diese Struktur greift bei manchen Bahnen entscheidend in das Spielgeschehen ein. Bei Loch 9 stehen die Golfer auf einem historischen Abschlag. Von diesem Hügel hat die höfische Gesellschaft einst die Balz der Fasane studiert, heute lassen sich von hier Mitspieler beobachten. Der 18-Löcher-Platz mit einer Länge von 6218 Metern gilt als sportlich-schwierig, die Grüns sind oft deutlich weniger als 30 Meter tief und zum Teil ansteigend. 1959 war der erste Teil des Platzes eingeweiht worden. Seitdem wurde die Anlage kontinuierlich leicht verändert und weiterentwickelt.

Obwohl hohe, ehrfurchterregende Mauern das Gelände umringen, ist bei Gästen Schwellenangst nicht angebracht. Im Club geht es betont sportlich und gesellschaftlich zu.

Üppige Rhododendron-Büsche und alter Baumbestand prägen den Charakter der Anlage in der ehemaligen Fasanerie der Grafen von Hanau.

**PERFEKT WURDEN DIE
18 LÖCHER IN DIE ALTE
PARKANLAGE INTEGRIERT.**

*Ein Italienisches Restaurant als Club-Ökonomie ist auch in der deutschen
Golfclub-Szene eher eine Seltenheit. Das „Da Enzo" aber sorgt für das südliche
Flair, auf das die Region sonst geografisch eher verzichten muss.*

ABSCHLAG

Golf Club Hanau-Wilhelmsbad
Franz-Ludwig-von-Cancrin-Weg 1
63454 Hanau
Telefon +49 (0)6181-180190
info@golfclub-hanau.de
www.golfclub-hanau.de

Pro-Shop
John Brennand, Tel +49 (0)6181-81775

Restaurant
Am Golfplatz, Tel +49(0)6181-9929222

Platz
6043 Meter (Herren)
5299 Meter (Damen)

Infrastruktur
Driving Range (12 überdachte Plätze)

Gäste
willkommen, HCP-Nachweis (32),
Softspikes

Greenfee
80 € / Woche; 90 € / Wochenende
Jugendliche: 50 % Ermäßigung

44

GOLFCLUB HANNOVER, GARBSEN

Weißer Ball in grüner Hölle am BLAUEN SEE

Der alte Baumbestand will gepflegt sein. Allerdings schützt er sowohl vor allzu großer Hitze als auch vor dem Lärm der nahen Autobahn.

Zehn Kilometer westlich der Innenstadt von Hannover liegt das beliebte Naherholungsgebiet der Garbsener Schweiz mit dem Blauem See und dem Tal der Leine. Das große Waldgebiet dort ist die Heimat für die 18 Bahnen des Golfclubs Hannover. Der Verein war 1923 zunächst als Abteilung vom Hannoverschen Rennverein gegründet worden. Er betrieb einen Golfplatz auf der Alten Bult im Stadtwald Eilenriede, zog aber bald nach dem Zweiten Weltkrieg in den Vorort Garbsen. 1952 wurde hier eine neue 9-Löcher-Anlage nach den Plänen von Bernhard von Limburger eröffnet. Bis 1961 wurde sie auf 18 Löcher erweitert, nachdem eine eigene Fußgängerbrücke über die angrenzende Autobahn 2 genehmigt und gebaut worden war. Denn die heutigen Löcher 3 bis 8 liegen nördlich der Autobahn.

Die Anlage ist mit 55 Hektar zwar relativ klein, trotzdem verläuft jede Bahn für sich einzigartig. Denn sie wurden alle einzeln in den Wald geschlagen. In der Nähe des Clubhauses hat die Anlage mehr parkartigen Charakter, weiter nördlich ist es ein echter Waldkurs. Abwechslungsreiche Löcher erfordern ein präzises Spiel. Die Schatten der alten Bäume werden vor allem bei hochsommerlichen Temperaturen geschätzt. Mehrfach wurden hier nationale und internationale Golfmeisterschaften ausgetragen. Doch eine derartige Platzqualität benötigt viel Pflege. Nach einem ersten Umbau 1988/89 wurde 2005 ein

Masterplan für die Modernisierung der gesamten Anlage entwickelt. Seitdem wird sie schrittweite überarbeitet. Dabei kamen auch einige Bunker hinzu. Das Ausholzen des Waldes sorgt wieder für mehr Licht. Moderne Drainagen legen alte Nassstellen trocken, eigene Brunnen sorgen für eine bessere Bewässerung. Damit wird die Anlage wieder hohen Ansprüchen gerecht.

Schnelle Grüns sind eine Spezialität in Hannover. Das ist für den Greenkeeper durchaus eine Herausforderung, da sie oft im Schatten liegen.

WENN DIE AUTOBAHN UND DIE DAMIT VERBUNDENEN NACHTEILE NICHT WÄREN, KÖNNTE HANNOVER-GARBSEN NOCH BESSER ABSCHNEIDEN.

Der alten Vegetation verdankt der Golfclub Hannover- Garbsen immer wieder größere Turniere, bei denen die Veranstalter auf Tradition Wert legen.

ABSCHLAG

Golfclub Hannover
Am Blauen See 120, 20823 Garbsen
Telefon +49 (0)5137-73068
info@golfclub-hannover.de
www.golfclub-hannover.de

Pro-Shop
Nein

Restaurant
Golfbar, Telefon +49 (0)5137-121182

Platz
5685 Meter (Herren)
5102 Meter (Damen)

Infrastruktur
Driving Range
(24 Abschläge, davon 3 überdacht)

Gäste
willkommen, HCP-Nachweis (36),
Softspikes, So. nur in Begleitung eines
Mitglieds

Greenfee
60 € täglich
Jugendliche: 50 % Ermäßigung

Auch das klassische Clubhaus wurde kürzlich umfassend renoviert, sodass es auch modernen Ansprüchen genügt. Von der Terrasse hat man einen wunderbaren Ausblick aufs 9. und aufs 18. Grün.

45

HANNOVER, GOLFCLUB LANGENHAGEN

In der Weite
LIEGT DIE KRAFT

WER IN LANGENHAGEN SEIN HANDICAP SPIELEN WILL, MUSS VOR ALLEM EINES EINKALKULIEREN: DEN WIND ALS GEGNER.

Die Stadt Langenhagen ist Teil der Großstruktur rund um die niedersächsische Hauptstadt Hannover. Der Norden Langenhagens aber ist kaum noch besiedelt, trotzdem verkehrsgünstig gelegen. Ein ausgeprägter Geestrücken mit einer lockeren Moor- und Heidelandschaft breitet sich hier aus. Etwa vier Kilometer nördlich des Zentrums beim Dorf Hainhaus hat der Golfclub Langenhagen sein Domizil. Zu der hier anzutreffenden typisch niedersächsischen Landschaft gehören hohe und alte Laubbäume in Einzelgruppen, Alleen und kleine Wälder. Die großzügige Golfanlage ist trotz oder gerade wegen ihres sehr flachen Verlaufs attraktiv. Immer wieder schaltet sich Wind als spielbestimmender Faktor ein. Vor allem aber sind es außer Bunkern die vielen Wasserflächen, die den Reiz der Runde in Langenhagen ausmachen. Die Bahnen liegen an der Wietze, einem naturnah zurückgebauten Bachlauf, sowie einer Vielzahl von Teichen und Tümpeln mit einer Gesamtfläche von rund 20.000 Quadratmetern. Jahrhundertealte Eichenalleen durchziehen und umrahmen die Gesamtanlage. Zuverlässige Grüns, gepflegte Fairways und Abschläge sowie ein zum Teil hügelig modelliertes Gelände werden den golferischen Anforderungen gerecht. Geboten werden 27 vollwertige Löcher in drei alternativ kombinierbaren Kursen. Der Ost-West-Kurs hat eine Länge von bis zu 6162 Metern. Weitere neun Löcher befinden sich in Planung.

Sobald der Ball aus dem geschützten Bereich herausfliegt, wird er abgetrieben. Die besten Ergebnisse erzielen Spieler, die schottisch-flache Schläge beherrschen.

ABSCHLAG

Golfclub Langenhagen
Hainhaus 22, 30855 Langenhagen
Telefon +49 (0)511-735832
info@golfclub-langenhagen.de
www.golfclub-langenhagen.de

Pro-Shop
Telefon +49 (0)511-739300

Restaurant
Paolo's Landhaus am Golfpark
Telefon +49 (0)511-728520

Platz Ost-Nord
6068 Meter (Herren)
5323 Meter (Damen)

Platz Nord-West
6004 Meter (Herren)
5157 Meter (Damen)

Platz Ost-West
6162 Meter (Herren)
5320 Meter (Damen)

Infrastruktur
Driving Range
(32 Abschläge, davon 12 überdacht)

Gäste
willkommen, HCP-Nachweis (36),
Softspikes

Greenfee
40 € / Woche; 50 € / Wochenende
Jugendliche bis 15: 15 € / 20 €

Die überdachte Driving Range, der Pro-Shop und das Sekretariat bilden einen Gebäudekomplex. Auf der anderen Seite befindet sich das großzügige Clubhaus.

46

GOLF RESORT HARDENBERG

Auf auf zur fröhlichen GOLF-JAGD

IN HARDENBERG MUSS MAN GUT ZU FUSS SEIN, DENN DIE WEGE SIND LANG. DER LOHN: EIN PLATZ MIT TOLLEN AUSBLICKEN UND EINEM DER UNGEWÖHNLICHSTEN INSELGRÜNS DER WELT.

Der Keilerkopf ist das Markenzeichen des Clubs und deutlicher Hinweis darauf, wer das ganze Projekt finanziert hat. Golferisch gesehen, ist es nicht mehr als ein Inselgrün.

Fotos: Heinrich Hecht

Mit zwei ganz verschiedenen 18-Löcher-Plätzen bietet der Golf Club Hardenberg eine großzügige und sportlich anspruchsvolle Anlage im Südosten von Niedersachsen. Umgeben von einem Waldgebiet liegt das Hardenberg Golf-Resort außerhalb der Stadt Northeim an den hügeligen Ausläufern des Weser-Leine-Berglandes. Hier auf Gut Levershausen hatten die Grafen Hardenberg seit Jahrhunderten Landwirtschaft betrieben. Schon 1971 und 1987 wurden die Teile des Göttingen Course nahezu ohne größere Erdbewegungen angelegt: Die Höhenunterschiede und hängenden Lagen sind selbst für erfahrene Golfer noch immer ein Charaktertest. Zusätzlich wurden auf dem heute 68 Hektar großen Platz damals unzählige Bäume gepflanzt. Im Jahr 2004 wurde die Anlage um den Niedersachsen Course des kanadischen Architekten David John Krause erweitert. Die Attraktivität dieses 80 Hektar großen Parcours stellen die vielen naturbelassenen Hindernisse dar. So erwarten den Spieler unter anderem ein Trockenbiotop, ein Canyon – wie man ihn sonst nur in Arizona sieht – Streuobstwiesen und ein alter Baumbestand. Die Bahnen sind zum Teil sehr kreativ gestaltet: Am auffälligsten und jetzt schon legendär ist das Wappentier der Grafen von Hardenberg – der Keilerkopf –, dessen Umrisse formen das Par 3 Inselgrün.

ABSCHLAG

Golf Resort Hardenberg
Gut Levershausen 1, 37154 Northeim
Telefon +49 (0)5551-908380
info@gchardenberg.de
www.gchardenberg.de

Pro-Shop
Telefon +49 (0)5551-908380

Restaurant
Sachsenroß, Tel +49 (0)5551-61866

Platz Göttingen
6033 Meter (Herren)
5276 Meter (Damen)

Platz Niedersachsen
6057 Meter (Herren)
5135 Meter (Damen)

Infrastruktur
Driving Range
(80 Abschläge, davon 12 überdacht)

Gäste
willkommen, HCP-Nachweis (54),
Softspikes

Greenfee
68 € / Woche; 78 € / Wochenende
Jugendliche: 50 % Ermäßigung

47

HAXTERHÖHE LINKS

MARMOR, STEIN UND EISEN BRICHT …

TOP TEN PLATZ

Aber unsere Lie-iebe nicht", sang dereinst Drafi Deutscher, auch wenn er ganz bestimmt keinen Golfplatz gemeint hat. Nur wer einmal auf der Haxterhöhe war, wird den Ohrwurm nicht mehr los. Denn auf dem Gelände dieses Clubs, der im echten Leben ganz bescheiden Universitäts-Golfclub Paderborn heißt, setzte man auf schlichte und unaffektierte Ästhetik. Hier ist Golf, wie es viel öfter sein müsste – die Liebe auf den ersten Blick. Hier spielt man um des Spielens willen und nicht, weil man repräsentieren möchte. Auf der Homepage des Clubs heißt es: „Was untypisch für Ostwestfalen anmutet, ist charaktergebend für die Paderborner Hochfläche. Merkmale traditioneller Dünenkurse werden mit den Gegebenheiten auf der Hochfläche im Paderborner Süden sowie zukunftsweisenden Pflege- und Spielweisen verbunden."

Das alles klingt ein bisschen verkopft, aber auf Normaldeutsch soll es nichts anderes heißen als – zurück zu den Wurzeln des Sports. Und wenn man sich den Plan des Geländes zu Gemüte führt – auch der Central Park in New York hat einmal nur als rechteckiges Planquadrat angefangen, ehe

SO MUSS GOLF SEIN: ERFRISCHEND KLAR UND UNEITEL. AUF DER HAXTERHÖHE SPIELT SPORT DIE HAUPTROLLE. UND DAS IST GUT SO.

Man wähnt sich an der See, obwohl man nur mit zugekniffenen Augen den Hintergrund zum blauen Meer verwandelt. Trotzdem hat die Anlage auf der Haxterhöhe schottisches Blut in den Links.

Menschen es auf seinen neuen Zweck umfunktionierten. Nicht anders ist das Golfplatzdesign von Achim Reinmuth (Stäcler Golf Courses) zu verstehen.

Bunker mit schottisch anmutender Holzbeplankung, wogendes Rough, wellige Fairways. Kein Schnickschnack, dafür alles, um richtig gut Golf spielen zu können. Und das nicht nur für eine elitäre Gruppe, sondern, nach offiziellem Bekunden des Clubs, für alle: Für große, kleine, alte, junge, für Menschen mit und ohne Behinderung – alle sollen hier die Möglichkeit haben, ihren persönlichen Weg zum Golfsport zu finden. Allein diese Clubphilosophie, gepaart mit dem reduzierten Design, hieven den Haxterhöhe Links auf ein Niveau, das in Deutschland häufiger wünschenswert wäre. Und der dafür sorgen würde, dass die „Lie-iebe" nie zerbricht.

ABSCHLAG

Haxterhöhe Links
Haxterhöhe 2, 33100 Paderborn
Telefon +49 (0)5251-604242
info@haxterpark.de
www.haxterpark.de

Pro-Shop
„Golfschmiede Paderborn"
Tel +49 (0)152-21731631

Restaurant
Gasthaus Haxterpark,
Tel +49 (0)5251-7098817

Platz
5396 Meter (Herren)
4604 Meter (Damen)

Infrastruktur
Driving Range
(18 Abschläge davon 5 überdacht)

Gäste
willkommen, HCP-Nachweis (54),
Softpikes

Greenfee
44 € / Woche; 56 € / Wochenende
Jugendliche: 50 % Ermäßigung

48

Stets in guter GESELLSCHAFT

GOLF- UND LAND-CLUB KÖLN

Der Platz des Golf- und Land-Clubs Köln zählt seit Jahrzehnten zu den anspruchsvollsten Meisterschaftsanlagen in Deutschland. Er war mehrfach Austragungsort der German Open und anderer internationaler Wettbewerbe. Der 1906 gegründete Club hatte ihn 1952 im Ortsteil Refrath im Süden von Bergisch Gladbach eingeweiht, nachdem sein ursprünglicher Platz auf der linken Rheinseite in Köln ein Opfer des Autobahnbaus geworden war. Das mehr als 80 Hektar große Refrather Gelände liegt in der Schluchter Heide, rechts vom Rhein auf den kräftig ansteigenden Hängen des Bergischen Landes in einem Wald.

Der besondere Charakter des Platzes wird durch die meistens vollständig von Baumkulissen getrennten Bahnen geprägt. Seine recht schmalen Fairways sind damals nach dem Entwurf von Bernhard von Limburger regelrecht in den Wald hineingeschnitten worden. In dem leicht gewellten Gelände verlangen mehrere Doglegs präzise Schläge, da der Ball nur wenig Lauf hat. Ein Bach, der durch das Gelände fließt, erweist sich oft als tückisches Wasserhindernis. Große Bunker und schwierig zu lesende Grüns ergänzen das Programm des gut gepflegten Parkland-Courses. Obschon in verkehrsreicher Umgebung der Großstadt gelegen, bildet die Golfanlage eine ruhige, grüne Oase mitten im Wald.

Das Gründungsjahr 1906 spricht für sich: Der Baumbestand wird im Golf- und Land-Club Köln genauso gepflegt wie die Tradition.

Golf im alten Stil: Auch der Umzug nach Refrath im Jahr 1956 änderte an der bedächtigen Club-Philosophie nichts. Die Kraft der Anlage nährt sich aus dem Bewahren der alten Werte.

DAS OFT GESCHLOSSENE TOR VOR DEM CLUBPARKPLATZ WIRKT ZUNÄCHST ETWAS ABWEISEND. UMSO ÜBERRASCHENDER IST DER HERZLICHE EMPFANG.

ABSCHLAG

Golf- und Land-Club Köln
Golfplatz 2, 51429 Bergisch Gladbach
Telefon +49 (0)2204-92760
info@glckoeln.de
www.glckoeln.de

Pro-Shop
Telefon +49 (0)2204-302253

Restaurant
Am Platz (Montag Ruhetag),
Telefon +49 (0)2204-65122

Platz
5980 Meter (Herren)
5286 Meter (Damen)

Infrastruktur
Driving Range
(30 Abschläge, davon 12 überdacht)
Skycaddie-Vermessung

Gäste
willkommen, HCP-Nachweis (28),
am WE nur in Mitgliederbegleitung,
Softspikes

Greenfee
95 € / Woche; 95 € / Wochenende
Mitglieder-Gäste: 65 €

49

LICHER GOLF CLUB

IMMER NUR „LICHELN"

Immer nur lächeln – wem dies als Golfer gelingt, hat vermutlich den Schlüssel zum perfekten Spiel gefunden. Jeder Drive beschreibt die gedachte Wunschflugbahn, jeder Chip landet pefekt, jeder Putt sitzt. Welch allzu schöner Golfertraum, weit weg von jeglicher Realität. Nur im mittelhessischen Örtchen Lich scheint man auch ohne dieses Streben nach Perfektion wunderbar über die Runden zu kommen.

Die Rezeptur für den glücklichen Golfer ist denkbar einfach: man nehme – einen wunderbaren Sonnenaufgang und einen optimal gepflegten Platz, der einem das gewünschte Lächeln aufs Gesicht zaubert. Fertig. Schließlich beansprucht man in Lich für sich, zu den best-gepflegten Plätzen Deutschlands zu gehören. Durchaus beeindruckend sind die großen und ondulierten Grüns, die nicht nur sehr spurtreu sind, sondern all jene belohnen, die für das Lesen der Breaks die nötige Geduld aufbringen. Sogar mit Zahlen wird dies untermauert, verfügt der Parcours über eine durchschnittliche Grüngeschwindigkeit von 3,60 bis 3,90 Meter. Selbst der Austragungsort der US-Masters habe, so der von der Clubleitung angebrachte Vergleich, auch „nur" eine Grüngeschwindigkeit von 4,27 Metern. Wenn das kein Grund ist, auf dem Grün glücklich zu sein – und sei der Putt noch so missraten?

Nun: Lich ist auch phonetisch nicht weit vom Wort „lächeln" entfernt. Ob der hiesige Gerstensaft diesen Effekt verstärkt, kann man im leuchtend weißen Clubhaus ausprobieren, das den Gast ebenso freundschaftlich willkommen heißt. Lich ist ein Platz für Spieler aller Spielstärken – das heißt, er macht alle glücklich. Und bringt alle zum „licheln".

HIERHER KOMMEN, DIE SEELE BAUMELN LASSEN, GOLF SPIELEN. VIEL MEHR BRAUCHT MAN NICHT ZUM GOLFERISCHEN GLÜCK.

Die Zauberformel für eine gelungene Golfrunde ist einfach: Ein perfekt gepflegter Platz, ein großzügiges Clubhaus und ein stimmiges Ambiente.

ABSCHLAG

Licher Golf Club
Golfplatz Kolnhausen, 35423 Lich
Telefon +49 (0)6404-91071
AG@licher-golf-club.de
www.licher-golf-club.de

Pro-Shop
Telefon +49 (0)6404-910753

Restaurant
Remo´s Restaurant +49 (0)6404-910743

Platz
5928 Meter (Herren)
5111 Meter (Damen)

Infrastruktur
Driving Range
(30 Abschläge, davon 5 überdacht),
SkyCaddie-Vermessung, Flutlicht,

Gäste
willkommen, HCP-Nachweis (54/45),
PE, Softspikes, Startzeitenregelung,
Voranmeldung erforderlich

Greenfee
67,50 € / Montag; 90 € / Di. bis Fr.
135 € / Wochenende
Jugendliche: 50 % Ermäßigung

50

MÄRKISCHER GOLFCLUB POTSDAM

Golfen im
LANDHAUS-STIL

ANKOMMEN UND LOSSPIELEN, HEISST
HIER DIE DEVISE. AUF DER GROSSZÜGIGEN
ANLAGE IST DIES AUCH KEIN PROBLEM.
ALLERDINGS: GEDULD IST DAS GEHEIMNIS.

Die besten Golfer sitzen immer auf der Terrasse: Kein Ball, der das 18. Grün erreicht, bleibt unkommentiert. Aber die Berliner nehmen's betont lässig und mit Humor, wissen sie doch – irgendwann stehen auch sie im Fokus der Kommentare.

In Kemnitz bei Werder, mitten im Gebiet der großen Havelseen, liegt die 130 Hektar große Golfanlage des Märkischen Golfclubs Potsdam. Sie ist nur wenige Minuten vom westlichen Berliner Autobahnring entfernt und liegt dennoch ruhig zwischen dem Ort am Kleinen Zernsee und dem Großen Plessower See in einer von der letzten Eiszeit geprägten hügeligen Seenlandschaft. Es gibt drei spieltechnisch abgestufte Plätze: Herzstück ist der etwa 70 Hektar große, sportlich anspruchsvolle 18-Löcher-Meisterschaftsplatz. Er wurde 1995 nach Plänen von Christoph Städler angelegt; zwei Jahre später war das lichte Clubhaus fertig. Das Relief des Geländes ist optisch gefällig und sorgt mit unterschiedlichen Hanglagen für spieltechnische Abwechslung.

Im Zentrum des Areals befindet sich eine leichte Anhöhe, die einen Überblick über alle 18 Bahnen erlaubt. Die Anlage ist ganzjährig bespielbar, und so wird auch im Winter auf Sommergrüns gespielt. Mit seinen schmalen Fairways, kleinen Grüns und zahlreichen Bunkern ist auch der 9-Löcher-Platz (Par 36) eine Herausforderung. Der andere clubfreie 9-Löcher-Kurzplatz (Par 27) ist speziell für Golf-Enthusiasten ohne Platzreife konzipiert, die ausprobieren möchten, was sie auf einem „richtigen" Golfplatz erwartet. Trotzdem ist er nicht ganz einfach. Alle Elemente des großen Platzes sind auch hier zu finden: leicht hügelige, geschwungene Spielbahnen sowie Sand- und Wasserhindernisse. Auffällig ist bei allen drei Plätzen die gute Pflege.

Der Potsdamer Golfclub strahlt Ruhe aus. Ob auf der Driving Range (links) oder auf der Clubhausterrasse – der gediegene Landhaus-Stil wird bewusst gepflegt.

ABSCHLAG

Märkischer Golfclub Potsdam
Kemnitzer Schmiedeweg 11
14542 Werder
Telefon +49 (0)3327-66370
info@mgc-potsdam.de
www.dermaerkische.de

Pro-Shop
Telefon +49 (0)3327-66370

Restaurant
Im Clubhaus, Tel +49 (0)3327-6637-25

Platz Fontane
6114 Meter (Herren)
5424 Meter (Damen)

Platz Lenné (9 Löcher)
2904 Meter (Herren)
2549 Meter (Damen)

Infrastruktur
Driving Range
(200 Abschläge, davon 18 überdacht)
Skycaddie-Vermessung

Gäste
willkommen, Softspikes,
HCP-Nachweis (36 am WE / Fontane),

Greenfee
45 € / Woche; 65 € / Wochenende
Jugendliche: 50 % Ermäßigung

51

Golfen vor den Toren der
HAUPTSTADT

GOLF & COUNTRY CLUB MOTZENER SEE

DANK GUTER VERKEHRSANBINDUNG IST MOTZEN LÄNGST EIN STADTTEIL VON BERLIN – ZUMINDEST BEI GOLFERN. DER AUSFLUG IN DEN SÜDOSTEN BERLINS LOHNT ALLEMAL.

Viel Wasser und weites Land: Aufgrund der Tatsache, dass viel Gelände zur Verfügung stand, konnte man auch bei der Planung großzügig sein.

Motzen bei Mittenwalde ist ein typisches märkisches Straßendorf im Südosten von Berlin. Traditionell kommen erholungssuchende Großstädter über schattige Alleen oder die kleinen Wasserwege hierher. Tiefblaue Seen, rauschende Nadelwälder, blühende Wiesen und Felder prägen die sanfte Hügellandschaft auf dem Teltow-Höhenrücken. Eine Fahrt vom Zentrum der Hauptstadt zum Platz des Berliner Golf & Country Clubs nach Motzen dauert nur noch eine halbe Stunde. Die 110 Hektar große Anlage mit sechs Teichen, engen Fairways und dichtem Rough besticht durch die offene, gegliederte Landschaft. Gespielt wird zum und durch den Wald, über Bunker und den immer wieder kreuzenden Bach. Kontrastreiche Eindrücke und wechselnde spieltaktische Varianten bereiten Spielfreude. Die mehrfach prämierte Golfanlage macht mit dem 18-Löcher-Meisterschaftsplatz (Par 72) mit einer Länge von bis zu 5900 Metern und dem 9-Löcher-Kurzplatz (Par 27) mit einer Länge von bis zu 2640 Metern ein Angebot für jedes Niveau. Der Club ist Mitglied der International Associate Clubs (IAC), sodass Mitglieder weltweit fast 250 Anlagen des IAC nutzen können.

Der Greenkeeper in Motzen versteht sein Handwerk. Selbst in sehr heißen Sommermonaten befinden sich die Grüns und die Fairways in einem überdurchschnittlichen Zustand. Das wiederum sorgt für zahlende Gäste.

ABSCHLAG

Golf & Country Club Motzener See
Am Golfplatz 5, 15749 Mittenwalde
Telefon +49 (0)33769-50130
info@golfclubmotzen.de
www.golfclubmotzen.de

Pro-Shop
Telefon +49 (0)33769-50130

Restaurant
Im Clubhaus, Tel +49 (0)33769-50135

Platz A
3022 Meter (Herren)
2661 Meter (Damen)

Platz B
3016 Meter (Herren)
2625 Meter (Damen)

Platz C
3043 Meter (Herren)
2654 Meter (Damen)

Infrastruktur
Driving Range
(76 Abschläge, davon 6 überdacht)

Gäste
willkommen, HCP-Nachweis, PE,
VcG zugelassen, Softspikes

Greenfee
68 € / Woche; 85 € / Wochenende
Jugendliche: 50 % Ermäßigung

Eine freundliche Atmosphäre zeichnet den Club aus. Längst hat sich Golf auch im Osten Deutschlands etabliert und ist als wirtschaftlicher Faktor anerkannt.

52

GOLF INTERNATIONAL MOYLAND

ES GRÜNT SO GRÜN …

EIGENTLICH VERBAND MAN MIT DEM NAMEN MOYLAND EINEN EHER TRADITIONELLEN CLUB. BIS 1997 IN DIREKTER NACHBARSCHAFT DAS GOLFRESORT DIE SZENE AM NIEDERRHEIN AUFMISCHTE.

Die Anlage des Schloss Moyland Golfresort ist ein ökologisches Kleinod. In den Weiten einer Auenlandschaft wurde ein 18-Löcher-Championship Course der Extraklasse angelegt. Zwischen die ausgedehnten Wasserflächen und feuchten Mulden mit den Strandabschnitten sowie die niedrigen Bäume und Sträucher wurden ganz natürlich wirkende Bahnen eingefügt. Nicht zuletzt wegen der Penn A4-Grüns (mit der Spezialrasensorte Augusta-Gras) zählt die 1997 eingeweihte, insgesamt 160 Hektar große Anlage zu den deutschen Spitzenplätzen. Ergänzt wird sie um einen 6-Löcher-Academy-Course, für dessen Nutzung eine Platzerlaubnis nicht erforderlich ist, im gleichen Stil des 18-Löcher-Platzes. Das Ganze liegt in Bedburg-Hau bei Kleve am unteren Niederrhein neben dem aus dem Mittelalter stammenden Wasserschloss Moyland und seinem Park. Der Kölner Dombaumeister Ernst Friedrich Zwirner hatte den Bau 1854 im neugotischen Stil umgestaltet. Das Museum im Schloss zeigt bedeutende Kunst des 19. und 20. Jahrhunderts aus der Sammlung van der Grinten, unter anderem den größten Bestand an Werken von Joseph Beuys.

Die unregelmäßigen Teiche, die strandartigen Bunker und die Kopfweiden machen den Reiz der Golfbahnen in den saftigen Auen aus. Die wellige Anlage mit zum Teil sehr schmalen Fairways hat es spielerisch in sich. Viel Gefühl für das Tempo und die richtigen Linien sind hier wichtig. So bietet allein die Bahn 6 (508 Meter, Par 5) 19 Bunker jeweils in der Landezone des ersten und zweiten Schlages. Selbst Longhitter werden sich schwer tun, carry über die ersten Bunker zu spielen. Das fast gerade Fairway der Bahn 7 wird auf beiden Seiten von Wasser begrenzt und etwa 150 Meter vor dem – sehr großen – Grün noch einmal von Wasser durchbrochen. Dieses Par 4 gilt mit seinen 420 Metern als schwierigstes Loch der Anlage. Auch das Par 4 (314 Meter) der Bahn 15 ist tückisch: Der Wassergraben liegt für viele Spieler exakt in der Drivezone, und das vollständig von Wasser umgebene, ondulierte Grün wird von strategisch geschickt platzierten Bunkern verteidigt. Kurz: Das Moyland Golfresort ist eine echte Herausforderung.

Was den behutsamen Mix zwischen gewachsener Landschaft und amerikanischem Baustil angeht, hat das Golfresort Moyland neue Standards gesetzt. Auch bei der Pflegequalität vor allem der Grüns ist die Anlage führend. Kein Wunder: Die verwendete Grasart ist dieselbe wie auf dem Masters-Platz in Augusta.

ABSCHLAG

Golf International Moyland
Moyländer Allee 10, 47551 Bedburg-Hau
Telefon +49 (0)2824-976580
info@golfinternationalmoyland.de
www.golfinternationalmoyland.de

Pro-Shop
Telefon +49 (0)2824-976680

Restaurant
Kochwerk, Tel +49 (0)2824-976680

Platz 1
5973 Meter (Herren)
5255 Meter (Damen)

Infrastruktur
Driving Range
(125 Abschläge, davon 10 überdacht)

Gäste
willkommen, HCP-Nachweis (54),
Softspikes

Greenfee
55 € / Woche; 65 € / Wochenende
Jugendliche: keine Ermäßigung

53

PULHEIM, GOLF CLUB GUT LÄRCHENHOF

Ein Denkmal für JACK NICKLAUS

JACK NICKLAUS EILT DER RUF VORAUS, DASS ALLES, WAS ER AN-
FASST, ZU GOLD WIRD. WIE WAHR: GUT LÄRCHENHOF IST DAS
MEISTERSTÜCK DER US-GOLFLEGENDE IN DEUTSCHLAND. ALLER-
DINGS: WER HIER SPIELEN WILL, MUSS TIEF IN DIE TASCHE GREI-
FEN. EINE INVESTITION, DIE ABER LOHNENSWERT IST.

Golfen am goldenen See: Auf Gut Lärchenhof fühlt man sich in eine andere Welt versetzt. Perfekt wurde der amerikanische „Way of Game" in die Tat umgesetzt.

Dieser Platz ist ein Star! In dem flachen Ackergelände des Gutes Lärchenhof in Pulheim nordwestlich von Köln modellierte Jack Nicklaus, der große Golfer und Architekt aus Ohio, einen sanft geschwungenen Course mit Hügeln und Wellen. Die individuell modellierten 18 Bahnen in herausragender Qualität wurden optisch geschickt voneinander getrennt. Und inzwischen haben auf dem 1997 eingeweihten Platz mit 75 Hektar auch Flora und Fauna kräftig Einzug gehalten. Die für einige Jahre für Profi-Turniere genutzte Anlage erweist sich trotz ihrer zentralen Lage als eine Oase der Ruhe. Sie liegt in der Nähe der Wirtschaftszentren Köln und Düsseldorf zwischen Dormagen und Pulheim-Stommeln am ausgedehnten Chorbusch, einem der wenigen Altwaldgebiete der Region. „Jeder Golfplatz muss einzigartig sein und den Spieler belohnen, der seine Intelligenz einsetzt und Präzision anstatt Kraft bevorzugt", erklärt Jack Nicklaus. Deshalb

Fotos: Golf Club Gut Lärchenhof GmbH

Geht nicht gibt es nicht: Wie ein Kind am Strand modellierte das Team um Jack Nicklaus eine golferische Traumlandschaft. Nur das Clubhaus wirkt „normal".

ABSCHLAG

Golf Club Gut Lärchenhof
Hahnenstraße/Gut Lärchenhof,
50259 Pulheim
Telefon +49 (0)2238-923900
golfclub@gutlaerchenhof.de
www.gutlaerchenhof.de

Pro-Shop
Telefon +49 (0)2238-923170

Restaurant
Gut Lärchenhof, Tel −49 (0)2238-923100

Platz
6015 Meter (Herren)
5052 Meter (Damen)

Infrastruktur
Driving Range
(50 Abschläge, davon 9 überdacht)

Gäste
willkommen, VcG zugelassen,
HCP-Nachweis(2),.../23,7), Softspikes,
Voranmeldung erforderlich

Greenfee
110 € / Woche; 150 € / Wochenende
Jugendliche: 50 % Ermäßigung

dürften gute Schläge vom Platz nicht bestraft werden. Diesen Vorgaben entspricht der anspruchsvolle, trotz allem aber faire Golfkurs von Gut Lärchenhof. Etwa am Loch 7 „Up and down". Wer dort beim Abschlag eine gewisse Weite und Präzision zeigt und seinen Ball hinter den Scheitelpunkt des Hügels bringt, der wird damit belohnt, dass sein Ball noch ein gutes Stück den Hügel hinunterrollt. Und: Die Bunker verteidigen zwar das Grün, bieten dem Spieler, der genau hinsieht und sich klug annähert, aber die Möglichkeit, sicher an ihnen vorbei oder über sie hinweg zu spielen. Dieser Platz genügt weltweit höchsten Standards. Um eine ganzjährige Bespielbarkeit in bestmöglichem Zustand zu garantieren, ist er voll beregnet und drainiert.

54

RETHMAR GOLF RESORT

AUF DEN PALMER GEBRACHT

EIN BERÜHMTER GOLFPLATZ-ARCHITEKT ALLEIN REICHT LEIDER NICHT AUS, UM AUS EINER GUTEN EINE SEHR GUTE ANLAGE WERDEN ZU LASSEN, WIE MAN IN RETHMAR ERLEBEN MUSSTE.

Dass Amerikas Architekten- und Spielerlegende Arnold Palmer besondere Golfplätze bauen kann – daran besteht kein Zweifel. Doch wer einen hochwertigen Sportwagen fahren will, muss sich auch das Benzin dafür leisten können. Genau dieses Schicksal ereilte das Rethmar Golf Resort bei Hannover. Die hohen Ansprüche, die ein derart komplex angelegter Platz ans Greenkeeping stellt, konnten in keiner Weise erfüllt werden. Der Investor ging in die Insolvenz, entsprechend rauschte auch die Platzqualität in den Keller. Überall auf der Anlage wuchs das Unkraut, Be- und Entwässerungsrohre verstopften, die Bunker verlotterten. Rethmars aussichtsreiche Zukunft als einer der besten Golfplätze Deutschlands schien besiegelt.

Bis ein neuer Besitzer mit einschlägiger Golferfahrung sich daranmachte, die Restortanlage wieder auf die richtige Bahn zu bringen. Im Jahr 2016 sieht man von all den Wunden, die die unzulängliche Pflege hinterlassen hatte, keine Spur mehr. Höchstens die Straße mit dem sinnigen Namen „Seufzerallee", die zum Platz führt, erinnert noch an jene unrühmliche Zeit.

Und noch ein Vorteil ergab sich durch den Inhaberwechsel, der zuvor bereits den Golfclub Gleidingen sein eigen nannte. Kurzerhand schloss er die beiden Plätze – Gleidingen und Rethmar – zu der größten Golfanlage Niedersachsens zusammen. Auf diese Weise kommen die Mitglieder und Gäste jetzt in den Genuss von 45 Löchern, einem 6-Löcher-Kurzplatz, zwei Driving Ranges sowie einem Video-Analyse-Center. Mitglieder beider Clubs können die jeweils andere Anlage ohne Mehrkosten nutzen.

Unabhängig von diesen Turbulenzen ist Rethmar golferisch ein großer Wurf. Man muss sich nur genau die Ästhetik der Bunker ansehen, um zu verstehen, dass Arnold Palmer sein Handwerk versteht. Allein die fiesen kleinen Kanten am Rand der Bunker sind nicht nur schön anzusehen, sondern machen dem Spieler das Leben schwer. Einfach rauskullern – das läuft hier nicht. Und so ist der ganze Platz: eine Ansammlung von kleinen Golfbosheiten, die einem das Leben so schwer machen können.

Aber spätestens auf der Clubhausterasse des „Little White House" ist aller Ärger verflogen. Und man freut sich schon aufs nächste Mal, wenn man viel besser mit den Schwierigkeiten zurecht kommt. Naja, vielleicht.

Das Weiße Haus am See. Die offene Landschaft des Rethmar Golf Resorts strahlt durchaus American Way of Life aus – vorausgesetzt, niedersächsisches Wetter spielt die Illusion mit.

Eine Terrasse fürs After-Golf-Chill-Out. Spätestens hier verspielen sich die erlebten Niederlagen auf dem trickreichen Platz. Von hier aus lassen sich auch gut die anderen Spieler „kommentieren".

ABSCHLAG

Rethmar Golf Resort
Seufzerallee 10, 31319 Sehnde
Tel. +49 (0)5138-700530
info@rethmargolf.de
www.rethmargolf.de

Pro-Shop
Telefon +49 (0)5102-739000

Restaurant
The Nineteenth. Tel +49 (0)5138-700530

Platz
5880 Meter (Herren)
5186 Meter (Damen)

Infrastruktur
Driving Range
(37 Abschläge, davon 12 überdacht)

Gäste
willkommen, HCP-Nachweis (54),
Softspikes

Greenfee
45 € / Woche; 55 € / Wochenende
Jugendliche: 30 € / 35 €

55

GOLFPARK SCHLOSS WILKENDORF

WENN SCHOTTEN ROCKEN

Große Natur, großes Golf. Der Sandy-Lyle-Parcours gehört zu den 100 besten Plätzen Europas. Vor allem wegen seiner landschaftlichen Schönheit und des hohen Pflegestandards sollte man hier aufschlagen.

Nur zwei Mal in seinem golferischen Leben erlebte der Schotte Sandy Lyle jene Sternstunden, die man nie vergisst. Einmal 1985, als er im Royal St. George's Golf Club die Open Championship gewann und noch einmal 1988 beim Gewinn der US-Masters in Augusta. Danach wurde es um den Schotten sehr ruhig, immer seltener zog es ihn in die internationale Turnierwelt. Dabei hatte er noch eine Sternstunde, die in seiner offiziellen Vita eigentlich kaum erwähnt wird: Sandy Lyles Beteiligung am Bau des Golfclubs Schloss Wilkendorf.

Was er hier geleistet hat, grenzt an einen Geniestreich, denn er schaffte es, aus der brandenburgischen Landschaft das bestmögliche herauszuholen. Einen Parkland-Parcours, der in seiner edlen Ästhetik zu den besten Deutschlands gehört. Dabei bezog er Wiesen, Waldsäume, Hecken und Wasserflächen so geschickt in das Design mit ein, dass man das Gefühl hat, diese Landschaft wurde nicht gestaltet, sondern hat immer so ausgesehen.

Die Frage ist nur, ob dieses vermeintlich Natürliche auch so einfach zu spielen ist, wie es aussieht. Gewiss – die Fairways sind breit und bieten unendliche Möglichkeiten des Anspiels auf die Grüns. Doch genau darin besteht mitunter die Schwierigkeit, da man nur sehr schwer die Entfernungen abschätzen kann. Strategische Bunker sind eher eine Seltenheit, dafür ausgedehnte Wasserhindernisse, die einen dazu zwingen, seinen Weg zum Grün intelligent zu planen. Auch bei den Grüns standen englische Parkland-Courses Pate, denn sie sind ausgedehnt mit kleinen, versteckten Breaks. Kein Wunder, dass Wilkendorf 2010 zu den 100 besten Plätzen Europas gewählt wurde.

Doch es ist das gesamte Paket, das hier stimmt. Auch der zweite 18-Löcher-Platz macht seinem berühmten „großen Bruder" keine Schande. Hier beeindruckt ebenfalls die überdurchschnittliche Pflegequalität. Wer zum Schluss einer gelungenen Runde noch einen draufsetzen will, geht ins Restaurant „Zum Wilden Schotten". Hier gibt es deutsche Küche, international gewürzt. Wie beim Platz.

EINE GOLFRUNDE AUF SCHLOSS WILKENDORF VERGISST MAN NICHT, DENN HIER REGIERT DIE NATUR UND DIKTIERT SO DAS SPIEL.

ABSCHLAG

Golfpark Schloss Wilkendorf
Am Weiher 1, 15345 Altlandsberg
Telefon +49 (0)3341-330960
info@golfpark-schloss-wilkendorf.com
www.resort-schloss-wilkendorf.com

Pro-Shop
Telefon +49 (0)3341-330960

Restaurant
Zum wilden Schotten,
Telefon +49 (0)3341-330990

Sandy Lyle Platz
6096 Meter (Herren)
5302 Meter (Damen)

Westside Platz
5763 Meter (Herren)
5149 Meter (Damen)

Infrastruktur
Driving Range
(54 Abschläge, davon 16 überdacht)

Gäste
willkommen, ECP-Nachweis (54),
PE nur für SLP, Softspikes

Greenfee
60 € / Woche; 75 € / Wochenende
Jugendliche: 50 % Ermäßigung

56

GOLF RESORT SEMLIN AM SEE

Grosser Bahnhof, GRÜNER TEPPICH

EINFACH ABSCHALTEN UND GOLF SPIELEN. KEIN PROBLEM IM SEMLINER HOTELRESORT. ALLES DREHT SICH HIER UM DEN KLEINEN WEISSEN BALL.

Der Westen des Landes Brandenburg ist ruhig – so ruhig, dass es manchen Städtern schon unheimlich ist. Die Landschaft wird von den Urstromtälern der Havel und ihren Nebenflüssen geprägt. Es gibt riesige Feuchtgebiete mit Mooren und Wiesen. Daraus ragen während der Eiszeit entstandene, sandige Platten hervor, die als Ackerland oder für ausgedehnte Nadelholzwälder dienen. Hier im Naturpark Westhavelland liegt das Städtchen Rathenow an der Havel. In der Nähe, am Hohennauener See, betreibt der Golf- und Landclub Semlin am See seit 1993 seine Anlage. 2004 wurde der Golfplatz auf 27 Löcher erweitert. Mehrfach wurden auf dem Golfplatz nationale Meisterschaften ausgetragen.

Auf 145 Hektar Fläche hat der Architekt Christoph Städler das Ganze raffiniert

drapiert. Für ihn war das von Waldkulissen umgebene Gelände ideal. Er bezog die natürlichen Gegebenheiten der Havellandschaft mit ausladenden Sandflächen, kleinen Seen, Gräben, Feldgehölzen und einer alten Eichenallee geschickt in die Gestaltung des Parcours ein. Viele Löcher haben große Stufengrüns, die zum Lesen ein geschultes Auge erfordern.

Die typischen märkischen Sandflächen geben dem Platz als Sandbrachen ein unverwechselbares Gesicht und stellen aus der Sicht des Naturschutzes potenziell wertvolle Lebensräume dar. Bälle, die dorthin verzogen werden, werden im Gegensatz zu dichtem Rough oder Gebüsch unverzüglich gefunden und können weitergespielt werden. Der vorhandene 9-Löcher-Kurzplatz bietet viel Spaß für Golfanfänger, das Golf- und Landhotel daneben den Rahmen für Tagungen und Erholung inmitten der märkischen Natur.

Hotellerie in Perfektion. Abseits des Hauptstadt-Trubels lässt sich nicht nur entspannt Golf spielen, sondern auch arbeiten, konferieren und wohnen. Alles verläuft nach dem Motto „Der Gast ist König", dem jedoch anstelle eines roten ein grüner Teppich ausgerollt wird.

ABSCHLAG

Golf Resort
Semlin am See
Ferchesarer Str. 8b,
14712 Rathenow / Semlin
Telefon +49 (0)3385-5540
info@golfresort-semlin.de
www.golfresort-semlin.de

Pro-Shop
Telefon +49 (0)3335-554474

Restaurant
Otto's, Telefon +49 (0)3385-5540

Platz A+B
5934 Meter (Herren)
5276 Meter (Damen)

Platz B+C
5943 Meter (Herren)
5180 Meter (Damen)

Platz C+A
6107 Meter (Herren)
5380 Meter (Damen)

Infrastruktur
Driving Range
(70 Abschläge, davon 6 überdacht)

Gäste
willkommen, HCP-Nachweis (54),
VcG (Preisabschlag dienstags)

Greenfee
45 € / Woche; 70 € / Wochenende
Jugendliche: 20 € / 35 €

DER SÜDEN

57

GOLF RESORT BAD GRIESBACH

NIEDERBAYRISCHE TOSKANA

Der Landstrich westlich von Passau wird gern als Niederbayerische Toskana bezeichnet: Zwischen Donau und Inn schmiegt sich eine sanfte Hügellandschaft, strukturiert von stillen Bächen und kleinen Bauernhöfen, gesprenkelt von einer Vielzahl von Busch- und Baumgruppen. Sie erinnert tatsächlich an die italienische Toskana. Hier in dem Kurort Bad Griesbach im Rottal betreibt Hartl Resort nach eigenen Angaben das größte zusammenhängende Golf-Resort Europas sowie die größte Golfschule der Welt. Auf zehn Golfanlagen gibt es 129 Spielbahnen!

Dazu gehören fünf 18-Löcher-Meisterschaftsplätze, drei 9-Löcher-Plätze sowie zwei 6-Löcher-Übungsanlagen für Kinder und für Spieler ohne Platzerlaubnis. Der Golfprofi Bernhard Langer entwarf drei große Plätze, Kurt Roßknecht gestaltete sie im Detail. Jeden Tag können sich die Spieler neuen Herausforderungen stellen. Der Platz Aldiana in Lederbach ist fast gebirgig: Der Spieler wird mit Schräglagen, langen Anstiegen und großen Höhenunterschieden konfrontiert. Bei Loch 9 müssen 48 Meter Steigung bezwungen werden. Dieser „Herzschlaghügel" zählt zu den schwierigsten Löchern in Deutschland. Landschaftlich am ehesten der Toskana entsprechen die Plätze Brunnwies und Uttlau.

Dagegen sind der Beckenbauer und der Mercedes Golf Course völlig flach, haben aber wegen der vielen Wasserhindernisse und einzelner Bäume ihren Reiz. Abgerundet wird das Ganze durch das Trainingszentrum Golfodrom sowie drei 9-Löcher-Plätze.

Langeweile kommt bei insgesamt 129 Löchern im Hartl Resort Bad Griesbach nicht auf. Für jeden Spieler gibt es ein Angebot, das seinen Fähigkeiten entspricht. Nur mit seiner Zeit könnte man in Schwierigkeiten geraten – angesichts des Angebots.

Fotos: Stefan Heigl

ZUM HARTL GOLF RESORT IN BAD GRIESBACH OBERHALB VON PAS-
SAU GEHÖREN ZEHN GOLFANLAGEN MIT 129 SPIELBAHNEN. SIE
SIND GEBIRGIG, HÜGELIG ODER FLACH, BIETEN AUSSERGEWÖHNLI-
CHE PLATZARCHITEKTUREN FÜR GANZ UNTERSCHIEDLICHE
ANSPRÜCHE.

*Golf total – ob auf der Anlage in Lederbach, in Uttlau oder in Bad
Griesbach selbst: Auf jeden Fall lohnt sich ein mehrtägiger Aufenthalt.
Und schließlich gibt es noch mehr zu sehen und zu erleben als Golf. Die
Region ist für Radfahrer und Wanderer ein beliebtes Ziel.*

ABSCHLAG

Golf Resort Bad Griesbach
Holzhäuser 8, 94086 Bad Griesbach
Telefon +49 (0)8532-7900
golfresort@quellness-golf.com
www.quellness-golf.com

Golf Resort Golfodrom, Tel +49 (0)8532-79023
Engled. 1544 Meter, Jagl 1184 Meter (Herren)
1344 Meter, Jagl 1038 Meter (Damen)

Platz Brunnwies, Tel +49 (0)8535-96010
5689 Meter (Herren)
4976 Meter (Damen)

Platz Beckenbauer, Tel +49 (0)8532-92440
6078 Meter (Herren)
5174 Meter (Damen)

Platz Mercedes-Benz, Tel +49 (0)8532-92440
5690 Meter (Herren)
4920 Meter (Damen)

Platz Lederbach, Tel +49 (0)8532-3135
5699 Meter (Herren)
5091 Meter (Damen)

Platz Uttlau, Tel +49 (0)8535-18949
5818 Meter (Herren)
5074 Meter (Damen)

Zur Planung eines Aufenthaltes empfiehlt sich
die Buchung eines pauschalen Angebots.

58

GOLF CLUB BERCHTESGADENER LAND

VORALPINES INSELGRÜN
MIT SANDSTRAND

GROSSE LÄNGEN UND TRICKREICHE GRÜNS AM ALPENRAND VOR SALZBURG FORDERN DEM GOLFER VIEL AB.

Fotos: Stefan Heigl

Vor der prachtvollen Bergkulisse der bayerischen und österreichischen Alpen liegt das Dorf Weng bei Freilassing mit dem Golfplatz des Clubs Berchtesgadener Land. In diesem leicht hügeligen Gelände des Voralpenlandes wurde landschaftlich reizvoll auf etwa 100 Hektar ein technisch anspruchsvoller 18 Löcher-Meisterschaftsplatz gestaltet. Die 6350 Meter von den Championship Tees und die schnellen, trickreichen Grüns verlangen dem Golfer alle Fähigkeiten ab. Die Architektur der 1995 eingeweihten Anlage mit natürlichen Wasserläufen und Teichen sowie gut platzierten Bunkern stellt hohe spieltechnischen Herausforderungen – Präzision ist gefragt, Abwechslung ist garantiert. Für Kurzweil anderer Art sorgt die nahe Festspielstadt Salzburg: Der Golfplatz im deutschen Südostzipfel befindet sich – in ruhiger Lage – nur wenige Autominuten davon entfernt.

Auf dem Platz sollte der Spieler gut aufgewärmt an den Start zu gehen, denn zum Auftakt wartet gleich das längste Loch der Anlage: Bis zu 548 Meter (Par 5) geht es leicht bergab. Auch das Loch 5 hat es mit einem Par 4 und 410 Metern in sich: Mit dem zweiten Schlag wird das Grün kaum erreicht, zumal ein seitliches Wasserhindernis lauert.

Als Leckerbissen gilt Loch 11, ein Par 3 Inselgrün mit Sandstrand – schon der Blick vom Tee hinab ist zauberhaft. Entspannend ist der Blick auf das 17. Grün vor der Bergkulisse des Hochstaufen. Es will aber trotzdem getroffen sein. Das Geheimnis ist die richtige Schlägerwahl, denn das Grün (Par 3, 127 Meter) ist stark erhöht.

ABSCHLAG

Golf Club Berchtesgadener Land
Weng 12, 83404 Ainring
Telefon +49 (0)8654-69020
info@gcbgl.de
www.gcbgl.de

Pro-Shop
Telefon +49 (0)8654-69020

Restaurant
Wengerhof, +49 (0)8654-690250

Platz
5943 Meter (Herren)
5215 Meter (Damen)

Infrastruktur
Driving Range
(57 Abschläge, davon 7 überdacht)

Gäste
willkommen, HCP-Nachweis, PE,
Voranmeldung

Greenfee
60 € / Woche; 70 € / Wochenende
Montags: 20 % Ermäßigung
Jugendliche: 50 % Ermäßigung

59

BEUERBERG GOLFCLUB

RAFFINESSE im DETAIL

Längst ein Klassiker der deutschen Golfszene. Beuerberg zeichnet sich unter anderem durch einen besonders guten Pflegezustand aus – zur großen Freude aller Golfer. Aber auch gesellschaftlich gilt die Anlage als Treffpunkt der „besseren Gesellschaft". Wer sich auf den Sport konzentriert, stellt sich auf jeden Fall einer Herausforderung.

ABSCHLAG

Beuerberg Golfclub
Gut Sterz 3, 82547 Beuerberg
Telefon +49 (0)8179-617 oder -728
info@gc-beuerberg.de
www.golfclub-beuerberg.de

Pro-Shop
Telefon +49 (0)8179-1229

Restaurant
Am Platz, Telefon +49 (0)8179-728

Platz
6267 Meter (Herren)
5636 Meter (Damen)

Infrastruktur
Driving Range
(50 Abschläge, davon 8 überdacht)

Gäste
willkommen, HCP-Nachweis (36), PE, VcG zugelassen, WE nur in Begleitung eines Mitglieds

Greenfee
80 € / Woche; 100 € / Wochenende
Jugendliche: 50 % Ermäßigung

Fotos: Stefan Heigl

BAUMGRUPPEN, VIELE TEICHE UND STRATEGISCH EINGEBAUTE BUNKER KENNZEICHNEN DEN GROSSZÜGIGEN PLATZ IM ALPENVORLAND.

Der mehrfach ausgezeichnete Meisterschaftsplatz des Golfclubs Beuerberg im oberbayerischen Eurasburg bei Bad Tölz verdankt seine Beliebtheit unter anderem seiner ruhigen Lage im Alpenvorland. Dank des 119 Hektar großen Geländes konnten die Fairways mit Hilfe eines alten Baumbestandes und der vielen Bäche und Teiche großzügig getrennt werden. Der Platz liegt zum Teil in einem ebenen, leicht moorigen Gelände, ist sonst aber sehr hügelig. Waldschneisen, strategisch gelegene Bunker und Wasserhindernisse fordern ein überlegtes Spiel. Mit fantasievollen Umbauten hat der 1982 gegründete Club den Platz stetig weiterentwickelt, sodass er für Spieler aller Handicapklassen eine Herausforderung bleibt. Außer nachträglich eingebauten Hindernissen entstand ein spektakuläres Inselgrün auf dem dritten Loch. Typisch: Es sieht oft schwieriger aus als es ist: Bahn 14, ein Par 3, erfordert eigentlich nur einen geraden Schlag zum Grün. Allerdings: Der Spieler sollte den dichten Wald sowie das enge, von kleinen Wasserläufen durchzogene Fairway einfach vergessen. Dann ist alles ganz einfach!

60

GOLF-CLUB FELDAFING

Der Platz des Golf-Clubs Feldafing liegt mitten in einem großen Park direkt am Starnberger See vor den Toren von München. Es sollte ein Schlosspark für den bayerischen König Maximilian II. werden – doch das Schloss wurde nie gebaut. Immerhin blieb der von dem preußischen Landschaftsarchitekten Peter Joseph Lenné gestaltete Park am Westrand des großen Sees erhalten. Nach dem Vorbild englischer Landschaftsgärten bietet er typische Ein- und Ausblicke auf See und Wald, Berge und Flur mit einem herrlichen alten Baumbestand.

Die einzigartige Hanglage bietet den Golfspielern 18 Bahnen mit spielerischem Reiz in leicht hügeligem Gelände mit einem wunderschönem Panorama vor den bayerischen Alpen – für viele ist allein das ein Traum. Nicht hermetisch abgeschlossen, führen auch Fußwege durch die Anlage. 1994/95 ließ der 1926 gegründete Traditionsverein den Platz umbauen. Seitdem sind abwechslungsreiche Bahnen mit einer Gesamtlänge von gut 5700 Metern für alle Golfer eine Herausforderung.

Königliche LAGE AM SEE

Fotos: Stefan Heigl

Die Anlage des bereits 1926 gegründeten Golf-Clubs Feldafing ist von betörender Schönheit. Der alte Baumbestand und Ausblicke auf den Starnberger See machen eine Runde zum exklusiven Erlebnis. Allerdings kann dies auch ablenken …

ABSCHLAG

Golf-Club Feldafing
Tutzinger Str. 15 82340 Feldafing
Telefon +49 (0)8157-93340
info@golfclub-feldafing.de
www.golfclub-feldafing.de

Pro-Shop
Telefon +49 (0)8157-933412

Restaurant
Am Platz, Telefon +49 (0)8157-933411

Platz
5726 Meter (Herren)
5096 Meter (Damen)

Infrastruktur
Driving Range
(20 Abschläge, davon 5 überdacht)

Gäste
willkommen, HCP-Nachweis (34)
WE nur in Mitgliederbegleitung

Greenfee
90 € / Woche; 110 € / Wochenende
Jugendliche: 60 € / 85 €

61

FREIBURGER GOLFCLUB

BEHUTSAM WURDE DIE 1970 GEBAUTE ANLAGE IMMER WIEDER AUF DEN NEUESTEN STAND GEBRACHT. DASS DIES GELINGEN KANN, DAFÜR IST DER GC FREIBURG EIN GUTES BEISPIEL.

IN WÜRDE JUNG GEBLIEBEN

Einsam im Dreisamtal. Alter Baumbestand prägt den Charakter der Anlage im Südschwarzwald. Allerdings ist die altehrwürdige Optik nicht selten trügerisch: Viele Hindernisse liegen unerwartet, sodass man strategisch spielen sollte.

Für den Platz des Freiburger Golfclubs wird das Tal der Dreisam raffiniert genutzt. In der Gemeinde Kirchzarten östlich der Stadt wird er im Norden und Süden von Bergen gerahmt, liegt aber selbst in ebenem Gelände mit vielen Wasserläufen und mit Ausblick auf die Höhenzüge des Südschwarzwaldes. Die 18 Löcher bei Par 72 gelten als eine Herausforderung für sportlich ambitionierte Spieler, sind aber durchaus auch von Golfern mit höherem Handicap zu meistern. Gefordert werden sie vor allem von zahlreichen Bächen, welche die Spielbahnen kreuzen oder berühren. Alter Baumbestand gibt die Führung für die Spielbahnen vor.

Vor einigen Jahren hat der Freiburger Golfclub sein Clubhaus aufgestockt und umgebaut. Die Architektur des eleganten Hauses ist differenzierter geworden und hat so noch gewonnen. Gleichzeitig wurde die Anlage um ein Wetterschutzhäuschen ergänzt sowie durch fünf Bahnen optimiert. Dabei konnten die Mitglieder des 1970 gegründeten Vereins ihre große Erfahrung einbringen und so manche kleinen Ärgernisse beseitigen.

Auch wenn die Region Freiburg als sonnenreichste Gegend Deutschlands gilt: Zum Glück für die Grüns und Fairways gibt es auch kurze Regenwetterperioden. Dann können Mitglieder und Gäste in der neuen Scope-Hütte ihr Spiel durch den Einsatz von Videotechnik sichtbar verbessern und sich auch den Winter über optimal auf die Saison vorbereiten.

Fotos: Stefan Heigl

ABSCHLAG

Freiburger Golfclub
Krüttweg 1, 79199 Kirchzarten
Telefon +49 (0)7661-98470
info@fr-gc.de
www.fr-gc.de

Pro-Shop
Telefon +49 (0)7661-7897

Restaurant
Montag Ruhetag, Tel +49 (0)7661-3093

Platz
5908 Meter (Herren)
5040 Meter (Damen)

Infrastruktur
Driving Range
(25 Abschläge, davon 8 überdacht)
Skycaddie-Vermessung

Gäste
willkommen, HCP-Nachweis (36), PE,
VcG (10 € / 15 € Abschlag)

Greenfee
60 € / Woche; 70 € / Wochenende
Jugendliche: 25 € / 45 €

In der wärmsten Region Deutschlands ist auch die Saison verlängert. Häufig kann in Freiburg noch gespielt werden, wenn auf anderen Anlagen längst die Wintergrüns zum Einsatz kommen müssen.

62

SANFTE HÜGEL
IM HOCHGEBIRGE

GOLF-CLUB GARMISCH-PARTENKIRCHEN

DIE BIZARRE BERGWELT DER BAYERISCHEN ALPEN
BIETET DIE KULISSE FÜR DEN GOLFPLATZ BEI GARMISCH,
DER SELBST ALLERDINGS EHER FLACH IST.

Direkt am Hochgebirge und doch nahezu eben liegt der Platz des Golfclubs Garmisch-Partenkirchen im Werdenfelser Land am Nordrand der Bayerischen Alpen. Steile Anstiege und häufige Schräglagen sind deshalb auf der Anlage kaum anzutreffen. Eher flach mit leichten Wellen ist sie angenehm zu begehen. Andererseits erlaubt sie tolle Ausblicke auf die bizarre Bergwelt des Oberlandes mit Alpspitze, Zugspitzmassiv und Waxenstein. Dabei liegt der Platz sehr ruhig acht Kilometer nördlich von Garmisch, im Tal der Loisach auf Gut Buchwies bei Oberau.

Seit 1974 betreibt der 1928 gegründete Golfclub Garmisch-Partenkirchen diese Anlage. 1990 wurde sie auf 18 Löcher erweitert und entspricht seitdem internationalem Standard, ist herausfordernd bis anspruchsvoll. Dies spiegeln die sportlichen Erfolge des Clubs wieder. Dennoch ist der Platz für Golfer jeden Handicaps fair zu spielen. Viel Wasser und geschickt eingebaute Sandbunker verlangen in der ersten Hälfte Präzision und gute Nerven. Lange Par-4-Bahnen auf dem zweiten Teil der Runde erfordern weite und genaue Abschläge. Die Spielbahnen sind von kleinen Wäldern, Blumenwiesen und kleinen Gewässern gesäumt. Die Grüns sind zum großen Teil erhöht und von zahlreichen Bunkern umgeben. Kurze Wege zwischen den Grüns und Abschlägen machen das Spiel schnell.

Nicht immer ist Kaiserwetter, sodass die spektakulären Ausblicke im Diffusen verschwinden. Für den eigenen Score kann dies aber durchaus von Vorteil sein, wenn man sich aufs Spiel konzentriert.

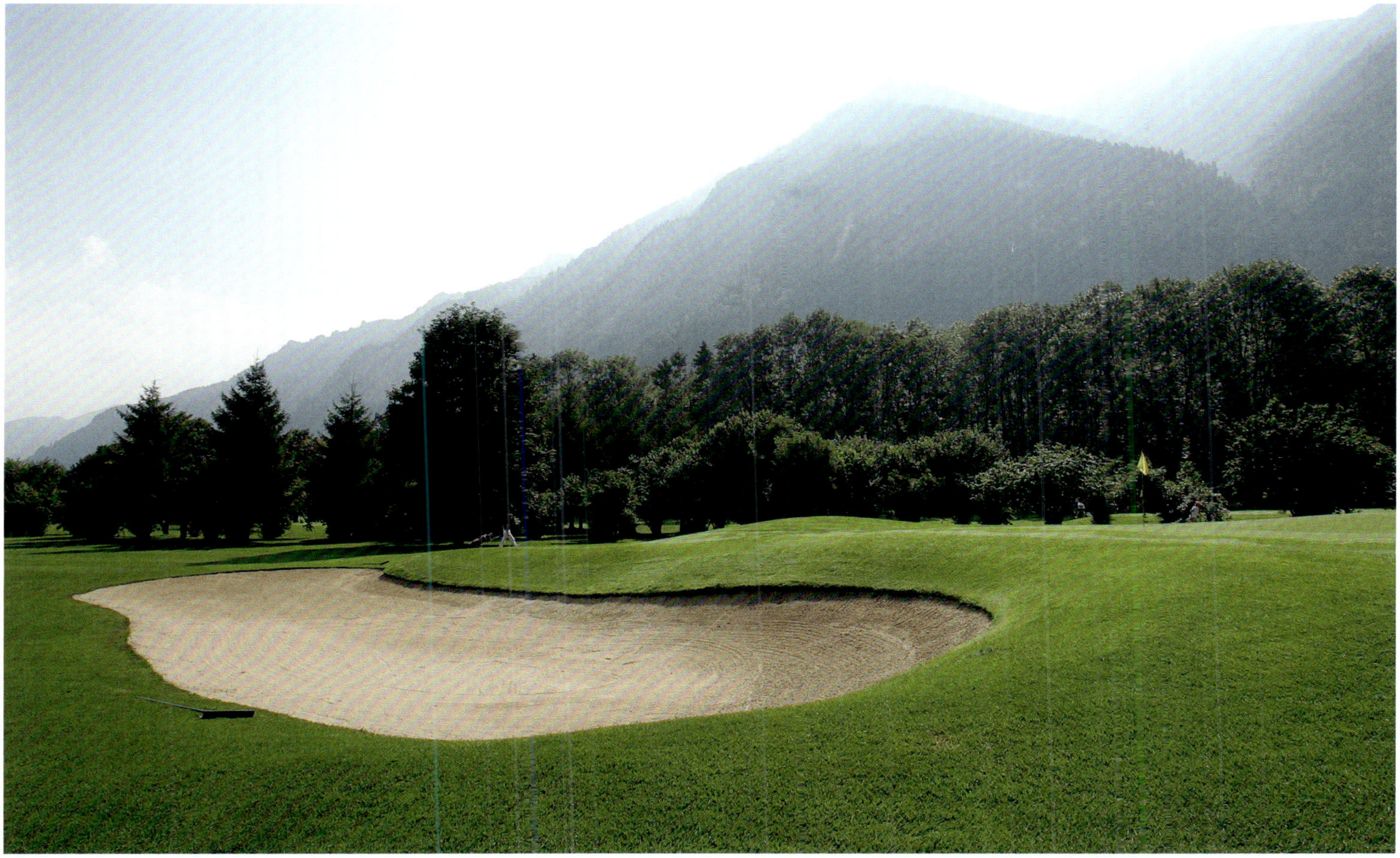

Fotos: Stefan Heigl

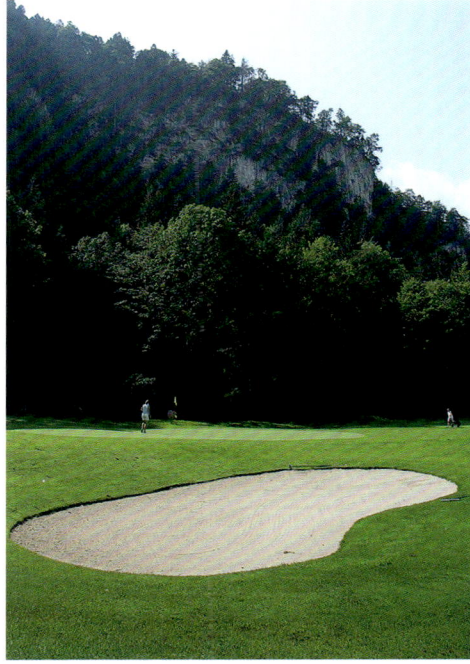

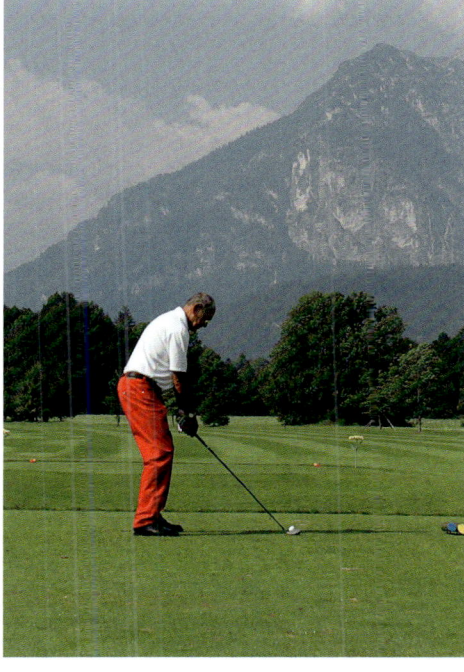

Der gewachsene 18-Löcher-Platz fügt sich fast natürlich ins Werdenfelser Land ein. Die Bergwelt steht im krassen Kontrast zu den eher flachen Spielbahnen. Dies erklärt auch seine große Beliebtheit.

ABSCHLAG

Golf-Club Garmisch-Partenkirchen
Gut Buchwies, 82496 Oberau
Telefon +49 (0)8824-8344
kontakt@golfclub-garmisch-partenkirchen.de
www.golfclub-garmisch-partenkirchen.de

Pro-Shop
Telefon +49 (0)8824-1679

Restaurant
Am Platz, Telefon +49 (0)8824-9146954

Platz
5929 Meter (Herren)
5385 Meter (Damen)

Infrastruktur
Driving Range
(25 Abschläge, davon 3 überdacht)

Gäste
Willkommen, VcG zugelassen, Softspikes, HCP-Nachweis (54, am WE 36 / 45)

Greenfee
65 € / Woche; 80 € / Wochenende
Jugendliche: 50 % Ermäßigung

63

GOLF CLUB AM HABSBERG

DER IM JAHR 2002 VON GRAHAM MARSH KONZIPIERTE PLATZ
GEHÖRT JETZT SCHON ZU DEN BESTEN ANLAGEN DEUTSCHLANDS.

Spielfreude im
FRÄNKISCHEN JURA

*Golfer aller Spielstärken kommen zu ihrem Recht. Die Intention des Platzar-
chitekten Graham Marsh, der mit dieser Anlage seine erste Arbeit in Deutschland ablieferte, ist voll aufgegangen. Fair, anspruchsvoll und unterhaltsam.*

Golf spielen soll in erster Linie Spaß machen. Nach diesem Leitgedanken hat Graham Marsh den 18-Löcher-Platz Am Habsberg in Unterwiesenacker bei Neumarkt in der Oberpfalz gestaltet. Doch der Teufel steckt im Detail: Deshalb hat der Platz keine querliegenden Bunker vor den Grüns, und die Fairways haben keine Schräglage. Wichtig ist, dass der Ball nach allen einigermaßen guten Schlägen auffindbar und spielbar ist – damit der Spaß nicht verloren geht. So werden dank der durchdachten Lage der Bunker schlecht gespielte Bälle abgefangen, damit der Golfer wieder in das Spiel zurückfinden kann. Dennoch ist der 2002 eröffnete Platz sehr anspruchsvoll und belohnt den mutigen

Spieler: Es sollte eben eine Herausforderung für Spieler aller Stärken geschaffen werden. Dabei entspricht der Platz trotzdem den internationalen Standards für einen Championship Golf Course: mit seinem Design und dem Pflegezustand, der Breite der Spielbahnen, der Schnitthöhe des Roughs, der Schnelligkeit der Grüns und den unterschiedlichen Fahnenpositionen.

Die zwischen Nürnberg und Regensburg gelegene traumhafte Juralandschaft ist wegen ihrer unterschiedlichen Geländeformationen dafür ideal geeignet. Sie erlaubt ein abwechslungsreiches Platzdesign mit einer Vielzahl von Wasserhindernissen und Bunkern und überwiegend geraden oder muldenförmigen Fairways. Das Design verlangt vom Golfer das Beherrschen des gesamten Spielrepertoires. Zu den Höhepunkten gehört das Par 4 (402 Meter) am Schluss: Longhitter ziehen direkt über das frontale Wasser auf die rechte Seite des Fairways. Alle anderen spielen sich links daran vorbei, kommen aber möglicherweise vor dem querliegenden Wasser am Grün oder den Bunkern dort in Schwierigkeiten.

ABSCHLAG

Golf Club Am Habsberg
Zum Golfplatz 1, 92355 Velburg
Telefon +49 (0)9182-931910
info@juragolf.de
www.juragolf.de

Pro-Shop
Telefon +49 (0)9182-931910

Restaurant
Kaymers 59, Tel +49 (0)9182-3530045

Platz 1
6090 Meter (Herren)
5220 Meter (Damen)

Infrastruktur
Driving Range
(30 Abschläge, davon 12 überdacht)

Gäste
willkommen, HCP-Nachweis (54),
Anmeldung obligatorisch, Softspikes

Greenfee
70 € / Woche; 90 € / Wochenende
Jugendliche: 50 % Ermäßigung

64

Golflandschaft
der EXTRAKLASSE

GOLFPARK GUT HÄUSERN

CHARAKTERISTISCH FÜR DEN PLATZ BEI MÜNCHEN SIND SANFTWELLIGE HÜGEL, EINE SANDARENA UND GROSSE SEEN.

Auf Gut Häusern hat der Golfarchitekt Peter Harradine aus dem Vollen schöpfen können und mit viel kreativer Energie eine Golflandschaft der Extraklasse geschaffen – für den Gestalter eine Traumaufgabe. Wald, Sand und Wasser wurden hier nach schottischem Vorbild zu einer facettenreichen Anlage geformt. Charakteristisch sind sanftwellige Hügel, eine Sandarena und fünf Hektar große Seen. Der 18-Löcher-Platz bietet sechs verschiedene Abschläge je Spielbahn und somit eine Gesamtlängen bis zu 6700 Meter.

Sie bieten den Spielern viel Abwechslung, sind aber sportlich anspruchsvoll und für Meisterschaften ausgelegt. Der Golfpark ist das Aushängeschild des Münchner Golf Eschenried (Mitglied von Arabella Golf) mit seinen insgesamt fünf Plätzen. In dem Hügelland bei Markt Indersdorf am Glonn, etwa 35 Kilometer nordwestlich der Landeshauptstadt, bietet die etwa 100 Hektar große Anlage zudem einen 6-Löcher-Platz für Einsteiger: Hier dürfen Interessierte nach einem Crashkurs vom ersten Tag an auf einem „richtigen Platz" spielen.

Ein Schotte in Bayern. Perfekt wurde der Links-Course in die Landschaft integriert.
Die Qualität der Grüns hält dem Vergleich mit britischen Plätzen stand.

ABSCHLAG

Golfpark Gut Häusern
Gut Häusern 2, 85229 Markt-Indersdorf
Telefon +49 (0)8139-93280
info@golf-gh.de
www.muenchner-golf-eschenried.de

Pro-Shop
Telefon +49 (0)8139-93280

Restaurant
Alte Gutsscheune, Tel +49 (0)8139-995133

Platz 1
6130 Meter (Herren)
5207 Meter (Damen)

Infrastruktur
Driving Range
(80 Abschläge, davon 8 überdacht)

Gäste
willkommen, HCP-Nachweis (45), PE,
VcG zugelassen, Softspikes,
Voranmeldung spätestens 3 Tage vorher

Greenfee
65 € / Woche; 80 € / Sa.; 90 € / So.
Jugendliche: 50 % Ermäßigung

Foto: Stefan Heigl

65

Erhaben vom
HOCHPLATEAU

GOLFCLUB HELLENGERST

AUF FAST 1000 METERN ÜBER DEM MEERESSPIEGEL LIEGT DIE 18-LÖCHER-ANLAGE DES ALLGÄUER GOLFCLUBS.

ABSCHLAG

Golfclub Hellengerst-Allgäuer Voralpen
Helinger Str.5, 87480 Hellengerst
Telefon +49 (0)8378-920014
info@golf-allgaeu.de
www. golf-allgaeu.de

Pro-Shop
Telefon +49 (0)8378-920014

Restaurant
Im Clubhaus, Tel +49 (0)7044-9110412

Platz
5699 Meter (Herren)
4918 Meter (Damen)

Infrastruktur
Driving Range
(15 Abschläge, davon 5 überdacht)
Skycaddie-Vermessung

Gäste
willkommen, HCP-Nachweis (26,5),
WE nur in Mitgliederbegleitung

Greenfee
64 € / Woche; 72 € / Wochenende
Jugendliche: 50 % Ermäßigung

Foto: Stefan Heigl

Wie ein grüner Samtteppich verläuft die Anlage auf dem Hochplateau. Zu den besonderen Schwierigkeiten des Platzes gehören die welligen Grüns, die dank des überdurchschnittlichen Pflegezustands auch noch besonders schnell sind.

Das Allgäu bietet eine Alpenlandschaft wie im Bilderbuch. Ein Teil davon ist die 18-Löcher-Anlage des Golfclubs Hellengerst südwestlich von Kempten. Die für die Allgäuer Voralpen typische Hügellandschaft konnte hervorragend in die großzügige Gestaltung der etwa 55 Hektar großen Golfanlage integriert werden. Der Clou aber ist: Hier wird auf fast 1000 Metern Seehöhe auf einem Hochplateau des Weitnauer Tals gespielt. Der Platz verlangt einerseits nach präzisen Abschlägen und einem genauen Grünanspiel. Andererseits darf sich der Golfer nicht allzu sehr von den an klaren Tagen überwältigenden Alpenpanoramen ablenken lassen. Geboten werden Bahnen mit ganz unterschiedlichen Schwierigkeitsgraden, für die Namen wie Sonneck, Hexenweiher und Rehwinkel stehen – deren inhaltliche Hintergründe gerne während der Runde ergründet werden dürfen. Erst im Jahr 2001 wurde der ehemalige 9-Löcher-Platz erweitert. Als Basis des bereits 1993 gegründeten Golfclubs diente der Hanusel Hof der Familie Rainalter mit großem Hotel und Restaurant, auf dessen Platzseite ein lichtes Clubhaus steht.

66

HEIDELBERG, ST. LEON-ROT

EINE KLASSE FÜR SICH

Die herausragende Stellung der Anlage in St. Leon-Rot definiert sich nicht durch einen übertriebenen amerikanischen Stil, sondern durch ein gesamtheitliches Konzept aus Landschaftsgestaltung, Design und erstklassiger Pflege. Nichts wird dem Zufall überlassen.

OHNE ZWEIFEL: ST. LEON-ROT HAT SEINEN PLATZ UNTER DEN TOP TEN SICHER, AUCH WENN ER DIE FÜHRUNG ABGEBEN MUSSTE.

Die ausgedehnte Anlage des Golfclubs St. Leon-Rot südlich von Heidelberg wird regelmäßig zum Allerbesten gezählt, was der Golfsport in Deutschland zu bieten hat. Doch was sind die Gründe? Es ist sicher die Kombination vieler Faktoren. Tradition spielt dabei keine Rolle. Präsident Dietmar Hopp, einer der Gründer des Software-Konzerns SAP in Walldorf in der Nähe, hat den Platz erst 1997 eröffnet. Er wollte hier ein einzigartiges Golfparadies schaffen – es ist ihm gelungen. Es ist ein sportlicher, innovativer und verlässlicher Club mit bester Infrastruktur in einer herrlichen Natur entstanden.

Er war mehrfach Austragungsort für das internationale Profi-Turnier Deutsche Bank-SAP Open, ist aber – typisch für Hopp – eben auch für seine herausragende Stellung im deutschen Amateur-Golf bekannt. Vorbildliche Jugendförderung bildet seit Jahren die Grundlage für sportliche Erfolge.

Die Gemeinde St. Leon-Rot liegt östlich von Speyer in der Niederung des Kraichbaches, die Teil des breiten Oberrheingrabens ist. Der Bach wurde auf einer Länge von mehr als einem Kilometer renaturiert. Die eindrucksvolle Flussauenlandschaft mit ihren Wiesen und Wasserflächen wurde mit zusätzlichen Pflanzen und Biotopen Teil der beiden Meisterschaftsplätze St. Leon und Rot. Den 6541 Meter langen Platz St. Leon hat der englische Architekt Dave Thomas im Stile eines Links-Kurses konzipiert. Dominierende Elemente sind der sandige Boden, die scheinbar allge-

genwärtigen Wasserflächen, die kunstvoll modellierten Bunkerlandschaften sowie ein Inselfairway (Loch 8). Es gilt hier, nicht nur lang, sondern auch präzise zu spielen. Deutsche Golfgeschichte schrieb das 18. Loch im Jahre 2002 zum Abschluss der Deutsche Bank-SAP Open. Tiger Woods und Colin Montgomerie spielten es im Stechen gleich viermal am Stück. Mit Par konnte Tiger Woods sich schließlich beim vierten Extra-Loch durchsetzen.

Der 6587 Meter lange Parkland Kurs des Platzes Rot ist das Werk des Architekten Hannes Schreiner. Die Bahnen bieten eine

gelungene Kombination aus Golfsport auf höchstem Niveau und Entspannung inmitten einer traumhaften Naturkulisse. So kann es Ihnen an Loch 17 schon einmal passieren, dass Störche interessiert beim Abschlag zusehen. Auch hier wurden große Teile der ursprünglichen Landschaft erhalten. Sie sorgen nicht nur für eine optisch reizvolle Kulisse, sondern tragen auch zu den besonderen Schwierigkeiten des Platzes bei. Zudem verfügt die Anlage St. Leon-Rot über einen 9-Löcher-Kurzplatz und einen Bambiniplatz, auf dem bereits Kinder ihr Talent entwickeln kön-

nen. Die Anlagen wurden mit viel Liebe zum Detail gestaltet und bestechen durch einen immer wieder bewunderten Pflegezustand. Das außergewöhnliche Design der Plätze eröffnet zudem eine Vielzahl an Spieloptionen, sodass die Menschen sich zwischen einem sportlich anspruchsvollem Spiel oder rundum entspannendem Golferlebnis entscheiden können.

Anders als bei der Erstausgabe des Buches hat St. Leon Rot seinen Titel als „bester Platz Deutschlands" zwar eingebüßt, ist aber immer noch ganz klar unter den zehn besten.

66

HEIDELBERG, ST. LEON-ROT

*Dem Platzplaner gelang das Kunststück, dass auch große Wasser-
flächen und Inselgrüns nicht aussehen wie künstliche Fremdkörper.
Alles wirkt, als sei es immer schon so gewesen.*

*Zufälle gibt es nicht: Ob Clubhaus oder Schutzhütte –
in St. Leon-Rot wurde an alles gedacht und in höchster
Perfektion umgesetzt. Nicht umsonst heimst die
resortähnliche Anlage alle Auszeichnungen ein, die
internationale Medien zu vergeben haben.*

A B S C H L A G

Golfclub St. Leon-Rot, Heidelberg
Opelstr. 30, 68789 St.Leon-Rot
Telefon +49 (0)6227-86080
info@gc-slr.de
www.gc-slr.de

Pro-Shop
Telefon +49 (0)6227-8608200

Restaurant
Ace of Clubs/Carpe Diem, Halfway House
Telefon +49 (0)6227-8608110

Platz Rot
6047 Meter (Herren)
5329 Meter (Damen)

Platz St.Leon
6178 Meter (Herren)
5286 Meter (Damen)

Infrastruktur
Driving Range
(134 Abschläge davon 42 überdacht)

Gäste
willkommen, HCP-Nachweis, PE,
VcG zugelassen

Greenfee
95 € / Woche; 130 € / Wochenende
Jugendliche: 50 % Ermäßigung

67

JURA GOLF HILZHOFEN

SAND IM SPIEL AUF DER FRÄNKISCHEN ALB

dern die ganze Kunst des Golfers heraus. Die Schläge auf den Fairways sind noch relativ einfach zu platzieren, doch die Grüns werden meistens von tiefen Bunkern bewacht oder liegen sogar auf Inseln.

Die Wege dahin sind meistens nur gut drei Meter breit, sie selbst wurden oft als Stufengrün mit mehreren Plateaus und diffizilen Breaks angelegt. Und Annäherungen müssen meist aus Hanglagen gespielt werden. Bei den bis zu 5810 Meter langen Bahnen (Par 72) ragt Loch 17 mit einer Länge von 504 Metern (Par 5) heraus. Von hier können die Spieler auch den tollen Blick auf die reizvolle Juralandschaft südöstlich von Nürnberg genießen.

Der fast 100 Hektar große Platz auf dem Südhang eines Naturparks bietet außer dem abwechslungsreichen Design charakteristische Ausblicke ohne Lärm auf einen Naturteppich aus Hügeln mit Wiesen und Büschen, Bäumen und Lichtungen. Diese wertvollen Voraussetzungen wurden gekonnt in die Platzarchitektur einbezogen. Teilweise seltene Tiere und Pflanzen haben hier ihren natürlichen Lebensraum. Dabei ist das mit Hochlandgräsern bepflanzte Rough der großzügigen Anlage erfreulich gut bespielbar. Komplettiert wird die Anlage durch den 9-Löcher-Platz der Jura Golf Akademie vor allem für Einsteiger.

In Hilzhofen erhält man – freiwillig oder nicht – immer wieder eine Lektion im kurzen Spiel. Gute Pitches und Chips sind hier spielentscheidend.

Donnerwetter!, sagen manche Golfspieler: „Dieser gut gepflegte Platz ist eine echte Herausforderung." Sie meinen den 18-Löcher-Meisterschaftsplatz Hilzhofen in der Fränkischen Alb bei Neumarkt in der Oberpfalz. Unzählige Wasserhindernisse und etwa siebzig gut verteilte Bunker for-

WER MIT SANDHINDERNISSEN HADERT, ERHÄLT SPÄTESTENS IN HILZHOFEN SEINE LEHRSTUNDE IM RICHTIGEN BUNKERSPIEL.

Die welligen Formen des Platzes wurden auch beim Bau des Club-hauses wieder aufgenommen. Ins-gesamt ist Hilzhofen ein gelungenes Ensemble.

Fotos: Stefan Heigl

ABSCHLAG

Jura Golf Hilzhofen
Hilzhofen 23, 92367 Pilsach
Telefon +49 (0)9182-9319140
info@juragolf.de
www.gchp.de

Pro-Shop
Telefon +49 (0)9182-9319140

Restaurant
Fairway, Telefon +49 (0)9186-17128

Platz 1
5810 Meter (Herren)
5183 Meter (Damen)

Platz 2
2766 Meter (Herren)
2766 Meter (Damen)

Infrastruktur
Driving Range
(20 Abschläge, davon 11 überdacht)
Skycaddie-Vermessung

Gäste
willkommen, HCP-Nachweis (54), VcG,
Softspikes. Anmeldung obligatorisch

Greenfee
55 € / Woche; 75 € / Wochenende
Jugendliche: 50 % Ermäßigung

68

IM TIEFFLUG ZUM HORIZONT

GOLF CLUB HOHENPÄHL

KONTEMPLATIVE RUHE, SPIELERISCHER ANSPRUCH UND LAND-SCHAFTLICHE SCHÖNHEIT BEGLEITEN DEN STAUNENDEN GOLFER.

Wie in vielen Sportarten, gibt es auch im Golf Standardregeln, die einem nach einer simplen Faustformel das Leben vereinfachen sollen. In Schottland – heißt es – spielt man tief, um dem Wind so wenig Angriffsfläche zu bieten wie nur möglich. Auf Parkland-Courses indes spielt man hoch, um Bäumen aus dem Weg zu gehen. Aber was macht man, wenn die beiden sich widersprechenden Regeln gleichzeitig angewendet werden sollen und müssen? So wie zum Beispiel in der Golfanlage Hohenpähl?

Da heißt es – spielen Sie einfach darauf los und genießen Sie die Runde. Und genau diese Strategie ist der Schlüssel zum Erfolg auf einer Runde, die schöner und spielerisch anspruchsvoller kaum sein könnte. Spiel und Natur sind in dieser einzigartigen Kulturlandschaft zwei Seiten derselben Medaille. Bereits 1993 erhielt Hohenpähl den Umweltpreis des Deutschen Golf Verbandes und 2009 als einer der ersten zehn Plätze in Deutschland die Auszeichnung „Golf und Natur" in Gold.

Doch die Preise unterstreichen nur, was der Spieler von Bahn zu Bahn erlebt: Die perfekte Harmonie der Landschaft, die dem Sport nur auf die Sprünge hilft. Nichts sieht künstlich aus, alles hat seinen Sinn. Jede Hanglage mag aus golferischer Sicht eine Herausforderung sein, aus natürlichen Gründen ist sie ein Muss. Und so ärgert man sich eigentlich nie über sein Ergebnis, man nimmt es hin, weil die Natur es so möchte und man sich ihr unterordnet. Dafür wird man andererseits mit spektakulären Ausblicken verwöhnt. Was will man mehr?

Urlaub vom Golfstress, der einem häufig vom Handicap aufgezwungen wird. Im Golfclub Hohenpähl ordnet sich der spielerische Anspruch den äußeren Gegebenheiten unter. Man spielt, was man kann, man genießt, was man sieht. Eine schönere Spielphilosophie dürfte es kaum geben.

ABSCHLAG

Golf Club Hohenpähl
Am Hochschloss, 82396 Pähl
Telefon +49 (0)8808-92020
info@gchp.de
www. gchp.de

Pro-Shop
Telefon +49 (0)8808-92020

Restaurant
Pfaffenwinkel, Tel –49 (0)8808-9247924

Platz
5710 Meter (Herren)
5063 Meter (Damen)

Infrastruktur
Driving Range
(40 Abschläge, davon 4 überdacht)

Gäste
willkommen, HCP-Nachweis (36)

Greenfee
65 € / Woche; 90 € / Wochenende
Jugendliche: 50 % Ermäßigung

69

GOLF CLUB SCHLOSS LANGENSTEIN

NEUER KLASSIKER IM ZEICHEN DER BURG

Westlich vom Bodensee liegt der Hegau, eine vulkanisch geprägte Landschaft mit kleinen Bergen. Er ist die Heimat der Grafen Douglas auf Schloss Langenstein. Diese weitläufige Schlossanlage bei Orsingen (Landkreis Konstanz) prägt auch die großzügige Golfanlage des gleichnamigen Golf- und Country Clubs. Auf etwa 110 Hektar gibt es einen 18-Löcher-Meisterschaftsplatz und einen öffentlichen 9-Löcher-Kurzplatz. Mit mehr als 600 Großbäumen, 500 Obstbäumen, 4500 Wildgehölzen, 15.500 Sumpf-Hecken und blühenden Pflanzen wurde die leicht hügelige Landschaft um Schloss Langenstein nach Plänen von Rod Whitman bis 1992 zu einer traumhaften Parklandschaft mit beeindruckenden Fairways und vielen sportlichen Herausforderungen umgestaltet. Ziel war es, in Stil und Erscheinungsbild die goldene Zeit der klassischen Golfarchitektur entstehen zu lassen, die auf übertriebene Eingriffe in die Natur bewusst verzichtet, ohne die internationalen Vorgaben des Golfsportes zu negieren. Alter oder Handicap spielen auf diesem Platz nach Angaben des Clubs keine Rolle, denn jeder findet hier eine angemessene Herausforderung. Kurz – eine Anlage, die eine Reise wert ist.

Fotos: Stefan Heigl

DER 27-LÖCHER-PLATZ WESTLICH DES BODENSEES BIETET BEEINDRUCKENDE FAIRWAYS IN IDYLLISCHER LANDSCHAFT.

ABSCHLAG

Golf Club Schloss Langenstein
Schloss Langenstein,
78359 Orsingen-Nenzingen
Telefon +49 (0)7774-50651
golf-sekretariat@schloss-langenstein.com
www. schloss-langenstein.com

Pro-Shop
KB Golf Store Konstanz
Telefon +49 (0)7531-3632095

Restaurant
Majors, Telefon +49 (0)7774-50671

Platz
5983 Meter (Herren)
5281 Meter (Damen)

Infrastruktur
Driving Range
(60 Abschläge, davon 13 überdacht)
Skycaddie-Vermessung

Gäste
willkommen, HCP-Nachweis (36 /30),
Softspikes

Greenfee
80 € / Woche; 95 € / Wochenende
Jugendliche: 50 % Ermäßigung

Das markante Schloss wacht über den Golfplatz auf einem 110 Hektar großen Gelände. Beeindruckend ist vor allem, wie nachträglich der Parkcharakter geschaffen wurde. Der Country Club Schloss Langenstein hat seinen Stil gefunden.

70

GOLF CLUB LINDAU-BAD SCHACHEN

DER KÖNIG IM DREI-LÄNDER-ECK

In mehr als fünf Jahrzehnten ist der Platz des Golf Clubs Lindau-Bad Schachen immer wieder erweitert und umgebaut worden. Nun ist der Klassiker im Drei-Länder-Eck Deutschland-Österreich-Schweiz ein ausgereifter 18-Löcher-Platz in einer idyllischen Parklandschaft bei Schloss Schönbühl im Norden der Bodensee-Stadt. Dank des Klimas ist er fast ganzjährig bespielbar. Das 1989 erbaute Clubhaus fügt sich trotz seiner Größe geschickt in die Landschaft ein. Kurt Roßknecht, Clubpräsident und Golfplatzarchitekt, will die Anlage aber in den Details kontinuierlich weiter verbessern.

Es ist ein Platz für den überlegt handelnden Spieler. Oft kommt Wasser ins Spiel. Am Clubhaus überwiegen engere Bahnen, geprägt von großen Bäumen, in leicht hügeligem Gelände. Die Runde eröffnet ein langes Dogleg-Par 5 mit Panoramablick auf den Bodensee. Das Loch 3 (Par 3) besticht durch ein schön platziertes Grün – vorher aber muss der Ball über den Unteren Klosterweiher.

Die zweite Hälfte des Platzes ist breiter und offener. Die Bahnen grenzen an kleine Gehöfte, alte Obstbäume prägen das Bild. Hier bleibt ein wenig mehr Raum für verzogene Drives, üppige Bäume stehen aber auch hier. Zurück auf der Westhälfte kann der Platz mit einem der schwierigsten Par 3-Löcher der Nation aufwarten: Das Grün am Loch 16 erreicht nur, wer Teich, Bunker und riesige Bäume mit einem 200-Meter-Schlag außer Acht lässt. Belohnt wird der Spieler mit Loch 17 und dem grandiosen Blick auf die Alpen und den Bodensee.

Neben der Umgebung sind es die kleinen Details, die die Qualität der Anlage ausmachen. Alles wirkt so natürlich und ist trotzdem Bestandteil des Spiels.

Fotos: Stefan Heigl

DIE AUSBLICKE AUF DEN BODENSEE KÖNNEN NICHT DARÜBER HINWEGTÄUSCHEN: SEIN GOLFERISCHES HANDWERK MUSS MAN HIER SICHER BEHERRSCHEN.

Das lässt sich Clubpräsident Kurt Roßknecht, seines Zeichens Platzarchitekt, nicht nehmen. Lindau ist seine beste Visitenkarte, weshalb kein Hindernis dem Zufall überlassen wurde. Ob Rough oder Grün – alles unterliegt einem ständigen Wandel.

ABSCHLAG

Golf Club Lindau-Bad Schachen
Am Schönbühl 5, 88131 Lindau
Telefon +49 (0)8382-96170
info@golflindau.de
www.golflindau.de

Pro-Shop
Telefon +49 (0)8382-2602866

Restaurant
Am Platz (Montag Ruhetag)
Telefon +49 (0)8382-5043092

Platz
5672 Meter (Herren)
5040 Meter (Damen)

Infrastruktur
Driving Range
(30 Abschläge, davon 4 überdacht)

Gäste
willkommen, HCP-Nachweis (3€),
VcG (Preiszuschlag)

Greenfee
70 € / Woche; 80 € / Wochenende
Jugendliche: 50 % Ermäßigung

71 Aus einer ANDEREN WELT

GOLF VALLEY

IMMER, WENN DER NAME DAVID KRAUSE IM SPIEL IST, SOLLTE MAN AUF ALLES GEFASST SEIN. AM EINGANG DES TEGERNSEER TALS SCHUF DER DEUTSCH-KANADIER EINES SEINER MEISTERSTÜCKE.

Nicht immer, wenn große Namen für das Design eines Golfplatzes engagiert werden, kommt auch Großes dabei heraus. Aber manchmal, wenn große Namen einen Geistesblitz haben, ist das Ergebnis umso spektakulärer. Tatsache ist: Der deutsch-kanadische Architekt David Krause, früher mal als Projektleiter für den Golf Club Valderrama im spanischen Büro von Robert Trent-Jones Senior tätig, hat in München eines seiner Meisterstücke abgeliefert.

Verwundern darf dies freilich nicht, denn allein in diesem Buch sind die Früchte seiner Arbeit mehrfach vertreten: Apeldör, Gut Kaden, Hardenberg, das Re-Design von Hittfeld und Falkenstein sowie – auch der Sieger dieser Auflistung ist aus seiner Feder: WinstonGolf bei Schwerin. David Krause versteht einfach die Sprache der Natur und interpretiert sie, ohne ihr dabei die Individualität zu nehmen. Dass dabei natürlich auch ordentlich ins Marketing-Horn geblasen wird, gehört zum Golfbusiness wie die Driver, die immer weiter und genauer schlagen.

Fakt ist: Golf Valley ist die erste Anlage in Deutschland, die traditionelles und sportliches Golf mit einem „State-of-the-Art"-Platz über 27 Löcher verbindet. Um Golf rund um die Uhr möglich zu machen, hat man keinen Aufwand gescheut, um eine Flutlicht-Driving-Range zu installieren. Das Wort „Valley" im Namen kam den Investoren nur recht, bezeichnet es nicht nur das englische Wort für Tal, sondern ist gleichzeitig der Name der Gemeinde Valley. Der zwischen München und dem Tegernsee im idyllischen Oberland befindliche Ort ist über die Autobahn München-Salzburg in nur 20 Minuten erreichbar. Auch bis Rosenheim und Kufstein dauert es kaum länger.

Anders gesagt – das Einzugsgebiet ist riesig, was auch sinnvoll ist, da man nicht mehr als 850 Mitglieder aufnimmt, um auch den Greenfeespielern eine entspannte Clubatmosphäre zu gewährleisten. Dies alles ist natürlich auch ein Statement, das sich klar für hochwertiges Golf positioniert. Unmissverständlich ist daher auch das Zitat von der clubeigenen Webseite: „Mit der Anlage in Valley wollen wir dem derzeitigen Golftrend entgegenwirken, der eindeutig zu Billig-Golf geht und der mit dem Verlust von allen Kriterien einhergeht, die Golf attraktiv und außergewöhnlich machen. Golf entwickelt sich zum Massen- und Volkssport. Das Eine muss das Andere jedoch nicht ausschließen." Allerdings muss man solche Attitüden auch nicht allen auf die Nase binden.

David Krause hat aus seinem Architekten-Portfolio herausgeholt, was herauszuholen war. Ein Links-Course mit deutlich amerikanischem Einschlag. Nicht vielen Architekten darf man solch eine Aufgabe anvertrauen, da der Charakter der Umgebung trotzdem nicht verloren gehen darf. In Valley ist dies gelungen – Krause sei Dank.

ABSCHLAG

Golf Valley
Am Golfplatz 1, 83626 Valley
Tel +49 (0)8024-902790
info@golfvalley.de
www.golfvalley.de

Pro-Shop
Telefon +49 (0)8024-9027940

Restaurant
Telefon +49 (0)8024-9027920

Platz A
3062 Meter (Herren)
2588 Meter (Damen)

Platz B
3107 Meter (Herren)
2727 Meter (Damen)

Platz C
3011 Meter (Herren)
2529 Meter (Damen)

Infrastruktur
Driving Range
(120 Abschläge, davon 10 überdacht)

Gäste
willkommen, HCF-Nachweis (36), PE,
Softspike, VcG (zugelassen außer am WE)

Greenfee
75 € / Woche; 95 € / Wochenende
Jugendliche bis 18: 50 % Ermäßigung
Studenten, Azubi: 20 % Ermäßigung

72 LANDSCHAFTLICHER ADEL VERPFLICHTET

NEUBURG, WITTELSBACHER GOLFCLUB

WINSTON CHURCHILLS LEGENDÄRER SPRUCH, GOLF SEI EIN VERDORBENER SPAZIERGANG, KANN HIER KLAR WIDERLEGT WERDEN. DER WITTELSBACHER GOLFCLUB IST EIN JUWEL.

Das Gestüt Rohrenfeld nördlich der oberbayerischen Residenzstadt Neuburg an der Donau war schon immer ein beliebtes Ziel für Könige und Fürsten. Schon Pfalzgraf Ottheinrich erfreute sich hier bei Ingolstadt an den saftigen grünen Donauauen der mächtigen Eichen und den Altwassern. Wo der bayerische Adel schon seit dem 16. Jahrhundert seine Pferde züchten ließ, steht heute eine der prächtigsten Golfanlagen Deutschlands. Für das ehemals landwirtschaftlich genutzte Gelände entwickelte Joan Dudok van Heel 1986 einen meisterlichen 18-Löcher-Platz. Dank der leichten Bodenwellen konnte er Tees und Greens anspruchsvoll, aber spielerisch fair der Landschaft anpassen. Mit seinen mehr als 200 einzeln stehenden uralten Eichen und Linden sowie den zwei Teichen wurde ein parkähnlicher Charakter geschaffen. Umsäumt von Fliederhecken und durchquert von Baumalleen steht das beeindruckende Clubhaus des Wittelsbacher Golfclubs. Der Bau vereint diskrete Eleganz mit der Architektur des historischen Gutshofes nebenan.

Von solch einem Baumbestand können viele Platzbetreiber nur träumen. Mit viel Fingerspitzengefühl integrierte Dudok van Heel den Platz in die Natur.

Fotos: Stefan Heigl

Künstliche Erhebungen wird man auf diesem Platz kaum finden. Die Leistung des Architekten bestand eher darin, strategisch kluge Bunker und Hindernisse anzulegen – sehr zum Ärger des ungenauen Spielers.

A B S C H L A G

Wittelsbacher Golfclub Rohrenfeld-Neuburg
Rohrenfeld 102, 86633 Neuburg/Donau
Telefon +49 (0)8431-908590
info@wbgc.de
www.wbgc.de

Pro-Shop
Telefon +49 (0)8431-908590

Restaurant
Im Clubhaus, Tel +49 (0)8431-9085950

Platz
6284 Meter (Herren)
5291 Meter (Damen)

Infrastruktur
Driving Range
(70 Abschläge, davon 10 überdacht)

Gäste
willkommen, HCP-Nachweis (36),
keine Jeans, Softspixes

Greenfee
70 € / Woche; 70 € / Wochenende
Jugendliche: 50 % Ermäßigung

Alte und vor allem sehr große Bäume sind ein spielbestimmendes Element auf der Anlage. Über 200 von ihnen säumen die Fairways und fordern den Spieler nicht selten heraus: Soll er die Giganten überspielen oder den Umweg wählen, was oft mit erheblich mehr Schlägen verbunden ist.

Der amerikanische Landhaus-Stil ist der gesamten Anlage durchaus angemessen. Das sogenannte 19. Loch ist daher auch Treffpunkt der Gesellschaft in der Residenzstadt Neuburg an der Donau.

73

GOLFCLUB AM REICHSWALD

ZEITLOSE ELEGANZ UND ÄSTHETIK

MANCHE PLÄTZE ALTERN NIE, UND MAN ERKENNT ERST SPÄT DEN MASTERPLAN DES ARCHITEKTEN. BERNHARD VON LIMBURGER HINTERLIESS IN NÜRNBERG SEIN VERMÄCHTNIS ZUM THEMA NATUR.

Man muss schon ein besonderes Gefühl für Landschaft besitzen, wenn man in der Lage ist, in einen eigentlich unscheinbaren Mischwald ein so großes Gebilde wie einen Golfplatz anzulegen – und das Ganze ohne die heutigen elektronischen bzw. digitalen Hilfsmittel. Über 80 Golfplätze hat der gelernte Jurist Bernhard von Limburger im Laufe seiner Karriere gestaltet, wobei er sich stets an den britischen Parkland-Designs von Harry Colt orientierte, die zum Beispiel so legendäre Anlagen wie Hamburg-Falkenstein oder Frankfurt-Niederrad gebaut hatten.

Und so wurde auch Nürnberg ein typisches Beispiel für diesen Stil, bei dem Bäume eine Hauptrolle spielen. Immer wieder finden sich Solitäre auf den Fairways, nicht selten ragen ganze Baumreihen in die vermeintliche oder gewünschte Spiellinie. Typisch für Limburger: enge Fairways, die in kleinen, schwer anzuspielenden Grüns münden. Kein Wunder, dass der Reichswald von Beginn an als sportlich anspruchsvoller Platz

Es gibt weder viele, noch sehr auffällige Wasserhindernisse oder Bunker. Und wenn, liegen diese immer an Stellen, die den Ball wie magisch anziehen. Anders als auf vielen modernen und offenen Designs besteht allerdings keine Hoffnung, hier weiterspielen zu können.

Man sieht den Wald vor lauter Bäumen nicht. Immer wieder bringen Solitäre, die sich wie zufällig in der Spiellinie befinden, den Golfer vom leichten Anspielen eines Grüns ab. Der Golfclub am Reichswald ist eine perfekte Anlage mit lebendigem Vereinsleben und guter Infrastruktur.

galt. Charakteristisch bis heute ist, dass jede Bahn rechts und links vom typischen Nürnberger „Steckalaswald" begrenzt ist und bei den meisten Abschlägen erst einmal eine Hürde aus Heidekraut und Kiefernbüschen überwunden werden muss.

Im Jahr 1988 erweiterte der Münchner Architekt Thomas Himmel den Platz, wobei er sich auf dringend notwendige Retuschen beschränkte, die den Anforderungen der neuen Ausrüstung geschuldet waren. Durch die deutlich erhöhten Schlagweiten, die mit modernen Drivern erreicht werden, mussten die Herrenabschläge etwas nach hinten versetzt werden, auch der ein oder andere strategische Bunker kam hinzu. Ansonsten ist der Golfclub am Reichswald ein echtes Limburger-Original geblie-

ben, bei dem sein visionäres Konzept vom Respekt gegenüber der Natur deutlich zu erkennen ist. Über 80 Anlagen hat Limburger im Laufe seines Berufslebens gestaltet – der Reichswald ist eine seiner schönsten. Vor allem, weil die Ästhetik der Landschaft beeindruckt.

Dies hat auch der Deutsche Golf Verband erkannt, der nicht nur regelmäßig große Meisterschaften hier ausrichtet, sondern den Club 2013 auch mit dem Zertifikat für „Golf und Natur" auszeichnete. Letzteres ist auch ein Verdienst der Mitglieder, die Limburgers Vermächtnis achten und pflegen.

ABSCHLAG

Golfclub am Reichswald
Schiestlstr. 100, 90427 Nürnberg
Tel +49 (0)911-305730
info@golfclub-nuernberg.de
www.golfclub-nuernberg.de

Pro-Shop
Telefon +49 (0)911-305730

Restaurant
Telefon +49 (0)911-305750

Platz
6041 Meter (Herren)
5336 Meter (Damen)

Infrastruktur
Driving Range
(18 Abschläge, davon 5 überdacht)

Gäste
willkommen, HCP-Nachweis (36), PE,
Softspikes, VcG zugelassen

Greenfee
80 € / Woche; 100 € / Wochenende
Jugendliche: 50 % Ermäßigung

74

GOLFCLUB RUHPOLDING

Schützenfest
in den CHIEMGAUER ALPEN

EINEN TOP-SCORE BEKOMMT MAN NICHT GESCHENKT, ABER TOLLE PANORAMEN.

In der kalten Jahreszeit zieht Ruhpolding zahlreiche Wintersportler und die Fans der internationalen Wettbewerbe an. Im Sommer erholen sich die Olympioniken hier gern bei einer Runde Golf vor dem fantastischen Gebirgspanorama der Chiemgauer Alpen mit Blick auf die Loferer Steinberge, den Rauschberg, das Sonntagshorn und den Unternberg. Nur wenige Kilometer südlich der Autobahn München-Salzburg liegt der 64 Hektar große Platz des Golfclubs Ruhpolding im Ortsteil Zell geschützt im Tal. Er ist deshalb nebelfrei und berühmt für sein mildes Klima mit kühlem Wind an heißen Tagen und viel Sonnenschein.

Die 18 Bahnen verlaufen mit breiten Fairways über ein von Bächen und Gräben durchzogenes Gelände aus ehemaligen Wiesen und Weiden. Optisch geprägt wird das Spielgeschehen von atemberaubender Natur sowie landwirtschaftlichen Flächen und Einzelhöfen. Die Topografie des Geländes ist nur leicht hügelig. Die großen Grüns sind von Golfern aller Spielstärken fair zu spielen. Die ersten neun Löcher liegen eher flach, die zweite Hälfte ist sportlich zu nehmen. Die anspruchsvollste

Bahn ist dabei das 13. Loch, ein Par 5 von 571 Metern Länge – die längste Bahn der Region. Der Abschlag liegt in einer Höhe von 23 Metern über dem Parcours, wobei durch eine Schneise aus altem Baumbestand ein gerader Drive gelingen muss.

Ein Golfplatz mit garantiertem Ah- und Oh-Effekt. Die Kulisse lässt den Spieler auf der Runde nicht los.

Fotos: Stefan Heigl

ABSCHLAG

Golfclub Ruhpolding
Rauschbergstr. 1a.
83324 Ruhpolding-Zell
Telefon +49 (0)3663-2461
info@golfclub-ruhpolding.de
www.golfclub-ruhpolding.de

Pro-Shop
Telefon +49 (0)8663-2461

Restaurant
Golfstüberl, Telefon +49 (0)8663-41321

Platz 1
5661 Meter (Herren)
4852 Meter (Damen)

Infrastruktur
Driving Range
(30 Abschläge, davon 2 überdacht)

Gäste
willkommen, HCP-Nachweis (54),
Softspikes

Greenfee
60 € / Woche; 75 € / Wochenende
Jugendliche: 50 % Ermäßigung

Die Wasserhindernisse haben es in sich: Auch wenn sie sehr idyllisch aussehen, so liegen sie eigentlich immer an der falschen Stelle. Gute Schlägerwahl ist Pflicht!

75

GOLFCLUB SCHWANHOF

Mein lieber SCHWAN!

Für alle, die Schwierigkeiten haben, die geografische Lage des Golf-clubs Schwanhof einzusortieren, gibt es eine einfache Beschreibung: Er liegt auf halber Strecke zwischen den Städten Hof und Regensburg, inmitten der Oberpfalz, womit schon ein Hinweis auf den Charakter der Anlage gegeben ist. Nicht übermäßig hügelig, aber auch nicht sehr eben und abwechslungsreich.

Dies mag für das Architekten-Duo, bestehend aus dem US-Open-Sieger Jerry Pate und Reinhold Weishaupt, auch ein entscheidendes Argument gewesen sein, sich der Herausforderung anzunehmen. Eine typische amerikanische Landschaft sieht ganz anders aus und kann nach Belieben per Bagger in jegliche Richtung umgewälzt werden. Nicht so in Schwanhof, wo man von Beginn an anspruchsvolles Golf auch umweltverträglich gestalten wollte.

Herausgekommen ist eine Meisterschafts-anlage, die in jeder Hinsicht meisterlich ist. Sportlich gaben die Designer zwar den Takt vor, bei der Nachhaltigkeit haben sich die verantwortlichen Clubmitglieder selbst ein Denkmal gesetzt. Ob durch eine wie zu-fällig auftauchende Blumenwiese, ein von dichten Wasserpflanzen umgebener Teich oder die Nistkästen, die aufgestellt wurden.

ES IST EINE ETWAS ANDERE FORMENSPRACHE, DIE DAS DESIGNER-
DUO JERRY PATE UND REINHOLD WEISHAUPT WÄHLTEN. SCHWER
ABER FAIR – DIES SIND EIGENSCHAFTEN AUF ALLEN BAHNEN.

*Das Wappentier ist allgegenwärtig. Aller-
dings stehen die Schwäne auf dem Parcours
nicht als Retter für versenkte Bälle zur
Verfügung. Gelegenheiten, seinen Score zu
verschlechtern, gibt es in Schwanhof viele.*

Mehr Qualität, mehr Spielfreude, mehr Zukunft – unter diesem Motto steht auch das
vom Deutschen Golf Verband unterstützte
Umweltprogramm in Schwanhof. Sogar die
Pflege des Rasens wird hier wissenschaftlich von der Rasenfachstelle der Universi-
tät Hohenheim begleitet.
Was freilich nicht heißt, dass man vor lauter Umweltbewusstsein nicht ganz normal Golf spielen kann. Im Gegenteil. Das
Design besticht auf der gesamten Anlage
durch die Tatsache, dass Spieler aller Handicapklassen auf ihre Kosten kommen. Un-
faire Situationen wird man nicht finden,
dafür aber intelligent verlegte Abschläge
und anspruchsvolle Gröns. Wer Breaks
nicht lesen kann oder will, dürfte des öf-
teren mit seinen Ergebnissen hadern und
dem Ausruf „meine lieber Schwan" eine
neue Bedeutung zukommen lassen.

ABSCHLAG

Golfclub Schwanhof
Klaus-Conrad-Allee 1,
92706 Luhe-Wildenau
Tel. +49 (0)9607-92020
info@golfclub-schwanhof.de
www.golfclub-schwanhof.de

Pro-Shop
Telefon +49 (0)9607-820780

Restaurant
Telefon +49 (0)9607-92020

Platz
5696 Meter (Herren)
4916 Meter (Damen)

Infrastruktur
Driving Range
(86 Abschläge, davon 11 überdacht)

Gäste
willkommen, HCP-Nachweis (54), PE,
Softspikes, Voranmeldung,
VcG eingeschränkt

Greenfee
70 € / Woche; 90 € / Wochenende
Jugendliche: 50 % Ermäßigung

76

GOLF RESORT SONNENALP-OBERALLGÄU

Auf der SONNENSEITE

BERGWIESEN, TANNEN UND KLEINE WASSERLÄUFE PRÄGEN DEN PLATZ AUF DEN HÄNGEN DES OBERALLGÄUS BEI SONTHOFEN. MAN MÖCHTE DEN SCHLÄGER NIE MEHR ZUR SEITE LEGEN.

Die Umgebung ist einfach zu schön, um wahr zu sein. Doch wer sich von den üppigen Wiesen allzu sehr blenden lässt, wird an seiner Scorekarte keine Freude haben. Golf ist auch hier kein Wunschkonzert.

Die malerische Landschaft des Voralpenlandes bildet die Kulisse für den Golfplatz Sonnenalp im bayerisch-schwäbischem Landkreis Oberallgäu. Vier Kilometer südwestlich von Sonthofen liegt der Platz in Ofterschwang unter dem Höhenzug der Hörnerkette auf einer Seehöhe von 820 Metern. Die beeindruckende Gipfellandschaft auf beiden Seiten des Gebirgsflusses Iller, das saftige Grün der Bergwiesen, die vielen Nadelbaumgruppen und die kleinen Wasserläufe sorgen für ein stetes Gefühl von Ruhe und Beschaulichkeit. Sie bestimmen auch die Gestaltung des von Donald Harradine 1975 entworfenen 18-Löcher-Meisterschaftsplatzes. Sowohl dem Scratchspieler

wie auch dem Golfer mit höherer Vorgabe wird eine besonders gepflegte, leicht zu gehende Anlage mit herausragenden Bahnen geboten. Sie verlangen technisches Geschick, die passende Strategie und manchmal Mut zum Risiko.
Im Jahr 2008 wurde der Platz von dem Architekten Kurt Roßknecht neu gestaltet und modernisiert. Die Grüns sind seitdem fair, aber blitzschnell. Das

Spielen auf dem Platz ist eine perfekte Mischung aus Alpenlandschaft und anspruchsvollem Design – sportlich und ungezwungen, ruhig und erholsam, erstklassig in jedem Bereich. Zum Golf Resort Sonnenalp-Oberallgäu gehören außerdem der 18-Löcher-Platz Oberallgäu und ein 9-Löcher-Kurzplatz mit weiträumigen Übungsanlagen in dem nur zwei Kilometer entfernten Bolsterlang.

Fotos: Stefan Heigl

Man braucht nicht viel Fantasie, um sich hier eine angenehme Golfrunde vorstellen zu können. Die Anlage ist zwar recht flach, aber versteckt ihre Tücken geschickt in der liebreizenden Umgebung. Platzarchitekt Kurt Roßknecht hat die Wasserhindernisse und Bunker so angelegt, dass sie garantiert ins Spiel kommen. Spätestens dann hat man verstanden, dass Sonnenalp ein zusammengesetztes Wort ist: Aus Sonne und Alp! Wer sein Spiel nicht strategisch plant, wird seinen golferischen Alptraum erleben. Zum Glück ist das 19. Loch nicht weit.

ABSCHLAG

Golf Resort Sonnenalp-Oberallgäu
Muderbolz 10, 87527 Ofterschwang
Telefon +49 (0)8321-272181
info@golfresort-sonnenalp.de
www.golfresort-sonnenalp.de

Pro-Shop
Telefon +49 (0)8321-272184

Restaurant
Waldhaus Restaurant,
Tel +49 (0)8321-272180

Platz Ofterschwang
5807 Meter (Herren)
4989 Meter (Damen)

Platz Bolsterlang
(Tel +49 (0)8326-3859410)
5619 (Herren)
4712 Meter (Damen)

Infrastruktur
Driving Range 1: (22 Abschläge,
12 überdacht)
Driving Range 2: (22 Abschläge,
22 überdacht)

Gäste
willkommen, HCP-Nachweis,
Anm. erforderl., Skycaddie-Vermessung,
Softspikes, keine Jeans

Greenfee
85 € / Woche; 85 € / Wochenende
Jugendliche bis 18 Jahre: 51 €

77

ST. EURACH LAND- UND GOLFCLUB

SEE-STERNE DES SÜDENS

ER IST EIN KLASSIKER DES GUTEN SPIELS. NICHT UM- SONST HAT ST. EURACH EINE ECHTE FANGEMEINDE.

Südlich des Starnberger Sees liegt in einem Waldgebiet oberhalb des Naturschutzgebietes Ostersee in Iffeldorf der Golfplatz St. Eurach mitten in einer Bilderbuchlandschaft. Auf der Runde eröffnen sich zahlreiche Ausblicke aufs Wetterstein- und Karwendel-Massiv des oberbayerischen Voralpenlandes. Jede der 18 Bahnen auf dem Gelände hat etwas ganz Eigenes.

Die Topografie ist leicht hügelig mit Wäldern, Wiesen und Moorbecken. Der schöne, alte Baumbestand wurde geschickt durch Naturpflanzungen ergänzt, Teiche und Nassbiotope geben dem Ganzen einen besonderen spielerischen Reiz. Das für die 1970er Jahre typische Clubhaus bietet unter den Spitzdächern außer großen Fenstern auch ein Schwimmbad. Der Club liegt in der Nähe der Autobahn nach Garmisch, nur knapp 50 Kilometer von München entfernt.

Fotos: Stefan Heigl

In Würde gealtert: Zwar entspricht der Baustil des Clubhauses nicht mehr dem allerneuesten Geschmack, aber gespielt wird ja auf dem Platz.

ABSCHLAG

St. Eurach Land- und Golfclub
Eurach 3, 82393 Iffeldorf
Telefon +49 (0)8801-1332
info@eurach.de
www.eurach.de

Pro-Shop
Telefon +49 (0)8801-1332

Restaurant
Im Clubhaus, Telefon +49 (0)8801-1585

Platz
5933 Meter (Herren)
5273 Meter (Damen)

Infrastruktur
Driving Range
(20 Abschläge, davon 7 überdacht)
Skycaddie-Vermessung

Gäste
willkommen, HCP-Nachweis (35),
am WE nur in Mitgliederbegleitung,
Softspikes, Voranmeldung

Greenfee
95 € / Woche; 100 € / Wochenende
Jugendliche bis 21 Jahre:
50 % Ermäßigung

78

WENDELINUS GOLFPARK ST. WENDEL

NEUE DEUTSCHE WELLE

DER GOLFPLATZBAU IN DEUTSCHLAND HAT SICH IN DEN VERGANGE-
NEN JAHREN SEHR VERÄNDERT: BESTES BEISPIEL IST ST. WENDEL.

*Bei solch einem Anblick juckt es jedem Golfer in den Fingern: Die welligen Fairways
und das kreisrunde Grün wollen so schnell wie möglich bezwungen werden.*

Der noch junge saarländische Wendelinus Golfpark am westlichen Stadtrand von St. Wendel fällt durch seine sehr vielfältige Gestaltung auf. Eindrucksvoll und oft überraschend werden auf dem hügeligen Platz verschiedene Golfwelten integriert. Herrliche Ausblicke sind inbegriffen. Vorbilder sind Golflandschaften in Irland, England, Florida und Kanada

Die fordernden Bahnen verlaufen zum Teil durch den Wald und dann wieder durch offenes Gelände. Es ist ein ständiger Mix zwischen Parkland- und Links-Course-Stil – dies macht die in die Naturlandschaft integrierte Anlage so abwechslungsreich. Dabei müssen zusätzlich erhebliche Höhenunterschiede überwunden werden. Das Potenzial dafür bot ein ehemaliger Truppenübungsplatz in der im Nordosten des Saarlandes gelegenen Kreisstadt. St. Wendel selbst liegt an der Blies am Fuß des

485 Meter hohen Bosenberges. In dieser niederschlagsreichen Region entwickelte sich auf dem etwa 300 Meter hohen Gelände eine üppige Vegetation mit kleinen Wäldern, altem Baumbestand, Heide- und Ginsterflächen, Tümpeln und Teichen.

2004 wurde der öffentliche Kurzplatz eröffnet, 2006 waren schließlich die 27 Meisterschaftsbahnen auf dem 150 Hektar großen Gelände fertiggestellt. Die drei 9-Löcher-Plätze können verschieden miteinander kombiniert werden. Bis zu 6265 Meter lang ist dann eine Runde.

ABSCHLAG

Wendelinus Golfpark St. Wendel
Golfparkallee 1, 66606 St. Wendel
Telefon +49 (0)6851-979800
stwendel@golf-absolute.de
www.golf-absolute.de/stwendel

Pro-Shop
Telefon +49 (0)6851-9798040

Restaurant
Angel's, Telefon +49 (0)6851-999000

Platz A + B
6008 Meter (Herren)
5022 Meter (Damen)

Platz C + A
6243 Meter (Herren)
5118 Meter (Damen)

Platz B + C
6265 Meter (Herren)
5106 Meter (Damen)

Infrastruktur
Driving Range
(50 Abschläge, davon 25 überdacht)
Skycaddie-Vermessung

Gäste
willkommen, HCP-Nachweis (54),
Softspikes, VcG (Aufschlag 30 €)

Greenfee
60 € / Woche; 80 € / Wochenende
Jugendliche: 50 % Ermäßigung

79

Mehr Ruhe in MONREPOS

STUTTGART, GOLFCLUB SCHLOSS MONREPOS

DER NAME IST NICHT PROGRAMM: DIE ANLAGE ZEICHNET
SICH DURCH IHRE DYNAMIK UND JUGENDLICHE FRISCHE AUS.

ABSCHLAG

Golfclub Schloss Monrepos
Monrepos 26, 71634 Ludwigsburg
Telefon +49 (0)7141-220030
info@golfclub-monrepos.de
www.golfclub-monrepos.de

Pro-Shop
Telefon +49 (0)7141-220070

Restaurant
Ristorante La Corte
Telefon +49 (0)7141-5051039

Platz 1
6006 Meter (Herren)
5267 Meter (Damen)

Infrastruktur
Driving Range
(56 Abschläge, davon 21 überdacht)

Gäste
willkommen, HCP-Nachweis (36),
Softspikes

Greenfee
65 € / Woche; 80 € / Sa.;
60 € / So. und Feiertage
Jugendliche: 50 % Ermäßigung

Ein hübsches Seeschlösschen hat dem 1992 gegründeten Golfclub in Ludwigsburg seinen Namen Monrepos („meine Erholung") gegeben. Durch Alleen ist der an einem See gelegene Barockbau mit dem Residenzschloss Ludwigsburg und dem Lustschloss Favorite verbunden.

Unmittelbar neben dem Monrepos-See liegt die Golfanlage mit einem 18-Löcher-Platz und einem öffentlichen 6-Löcher-Platz auf etwa 80 Hektar Fläche. Der zweite Teil der Golfanlage ging erst 2007 in Betrieb. Dafür wurde über die Autobahn 81 eine Fußgängerbrücke gebaut, weil sieben neue Bahnen auf der anderen Seite des Verkehrsweges liegen. Die gesamte Anlage wurde in einen Naherholungspark integriert und bietet so ein Stück Natur im dicht besiedelten Norden der Region Stuttgart. Dank der zentralen Lage zwischen Ludwigsburg und Bietigheim ist rasche Anfahrt möglich. Das ursprünglich flache Gelände des großen Golfplatzes bekam viele Erdwälle.

Ein Höhenunterschied von 34 Metern unterstreicht die sportlichen Ansprüche. Mit Seen und Bächen gibt es auch etliche Wasserhindernisse. Eine lockere Begrünung mit landschaftstypischen Obstbaumwiesen, Eichen, Buchen, Linden und Ahornbäumen trennt die Spielbahnen. Auch Wildkräuterwiesen und Feldhecken säumen die Fairways und umringen die Grüns. Im alten Teil prägen die Stufungen im Park und die Streuobstwiesen mit Anhöhen und Einschnitten das Landschaftsbild. Die neue Anlage wurde mit Schluchten und hohen Abschlägen sowie deutlich mehr Wasser ergänzt. Was dem Platz (6006 Meter, Par 72) an Länge fehlt, wurde durch die Gestaltung wettgemacht, sodass der neue Teil zwar als eine zügig zu spielende, aber anspruchsvolle Anlage gilt.

80

STUTTGARTER GOLF-CLUB SOLITUDE

Nicht einsam in SOLITUDE

Das hügelige und stark von der Landwirtschaft geprägte Heckengäu nordwestlich der Landeshauptstadt ist die Heimat des Stuttgarter Golf-Clubs Solitude. Die Muschelkalkböden in dieser ländlich geprägten Region sind eher trocken. Unterhalb eines Waldgebietes zwischen der Autobahn 8 (Karlsruhe-Stuttgart) und dem kleinen Ort Mönsheim zieht sich der ruhige und langgestreckte 18-Löcher-Platz des Clubs auf ehemaligem Ackerland hin.

Gegliedert wird er durch ursprünglich vorhandene Hecken und Waldstücke sowie vor Jahrzehnten angepflanzte Baumgruppen. Denn der von Bernhard von Limburger gestaltete Kurs vom Typ Parkland wird seit 1969 bespielt. Davor bespielte der 1927 gegründete Traditionsclub einen 9-Löcher-Platz der Architekten Colt, Alison & Morrison (den Erbauern des Golfclubs Hamburg-Falkenstein) auf der Leonberger Heide.

Auf dem Platz in Mönsheim wurden seit den 1980er Jahren mit der German Open und der German Masters regelmäßig internationale Turniere ausgetragen. In der Zwischenzeit hat die Anlage wieder einen Sprung nach vorn gemacht: Von 2005 bis 2007 wurde der gesamte Platz umfassend saniert. Sämtliche Grüns, Abschläge und Bunker wurden neu aufgebaut, die Fairways abgetragen und neu eingesät, die Beregnung optimiert und die Teiche neu gestaltet. Damit entspricht er wieder modernen Ansprüchen und bietet eine Vielzahl interessanter Spielvarianten.

Der technisch anspruchsvolle Platz (6380 Meter lang, Par 72) fordert den Spieler mit Seen, Steigungen und strategisch geschickt gesetzten Bunkern. Wegen seiner kleinen, häufig etwas erhöhten und meist hängenden Grüns ist er schwierig, hat andererseits breit angelegte Spielbahnen und bietet keine unüberwindlichen Hindernisse.

ABSCHLAG

Stuttgarter Golf-Club Solitude
Schlossfeld, 71297 Mönsheim
Telefon +49 (0)7044-9110410
info@golfclub-stuttgart.com
www.golfclub-stuttgart.com

Pro-Shop
Telefon +49 (0)7044-9110413

Restaurant
Im Clubhaus, Tel +49 (0)7044-9110412

Platz
5869 Meter (Herren)
4970 Meter (Damen)

Infrastruktur
Driving Range
(45 Abschläge, davon 10 überdacht)
Skycaddie-Vermessung

Gäste
willkommen, HCP-Nachweis (26,5),
WE nur in Mitgliederbegleitung

Greenfee
85 € / Woche; 85 € / Wochenende
Jugendliche: 50 % Ermäßigung

81

STUTTGART, GOLFCLUB SCHLOSS NIPPENBURG

TURM UND DRANG, STATT TÜR UND TOR

SCHLOSS NIPPENBURG WILL IN JEDER HINSICHT HOCH HINAUS. DAS BEGINNT BEIM CLUBHAUS, SETZT SICH AUF DEM PLATZ FORT UND ENDET BEI DER DOPPELSTÖCKIGEN DRIVING RANGE.

Fast 1000 Jahre alt ist die Ruine der Nippenburg auf einem Bergsporn über dem Fluss Glems oberhalb von Schwieberdingen. Der kleine Ort liegt nordwestlich von Stuttgart im Neckarbecken, einer lössbedeckten Hochfläche, in die sich Flüsse – wie die Glems – in den Muschelkalk des Langen Feldes und des Strohgäus eingeschnitten haben. Neben dem Auenwald der Glems, der Burgruine und dem im 17. Jahrhundert erbauten Herrenhaus, Schloss genannt, befindet sich die Golfanlage Schloss Nippenburg.

Ursprünglich war das etwa 90 Hektar große, weitgehend ebene Gelände für die Landwirtschaft genutzt worden. Bernhard Langer gestaltete daraus einen großzügigen und anspruchsvollen 18-Lö-cher-Platz (6045 Meter bei Par 71). 1995 wurde der Platz eingeweiht und war drei Jahre lang Austragungsort der German Masters. Auf den erhöhten Abschlägen erinnert die Anlage den Golfer an Traditionsplätze in den USA und Großbritannien.

Einen besonderen Reiz bieten die sehr unterschiedlich ondulierten Grüns. Außerdem sorgen enge Fairways, eingebettet in eine nunmehr durchweg leicht hügelige Landschaft, für einen gleichermaßen spielerischen wie optischen Reiz. Dazu zählen auch die künstlich angelegten, idyllisch anmutenden Seen und Bachläufe. Strategie und Köpfchen sind auf der Runde permanent gefragt. Attraktiv ist der Platz mit dem seltsam gestalteten Clubhaus schließlich wegen seiner Nähe zur Landeshauptstadt Stuttgart.

ABSCHLAG

Golfclub Schloss Nippenburg
Nippenburg 21, 71701 Schwieberdingen
Telefon +49 (0)7150-39530
info@schlossnippenburg.de
www.schlossnippenburg.de

Pro-Shop
Telefon +49 (0)7150-39530

Restaurant
Carpe Diem (Montag Ruhetag),
Telefon +49 (0)7150-395320

Platz
5866 Meter (Herren)
5152 Meter (Damen)

Infrastruktur
Doppelstöckige Driving Range
(22 Abschläge, davon 10 überdacht)
Skycaddie-Vermessung

Gäste
willkommen, HCP-Nachweis (54 /36),
Softspikes

Greenfee
60 € / Woche Samstag 70 €;
Sonntag / Feiertag 80 €
Jugendliche 50 % Ermäßigung

*Der Stil des Clubhauses ist sicher Geschmackssache.
Auf allgemeine Zustimmung allerdings stößt der von
Bernhard Langer gestaltete Parcours im US-Look.*

82

GOLF CLUB WÜRZBURG

Mein Golf ist
MAIN-CASTLE

WÜRZBURG, DIE PERLE AM MAIN. ALS GOLFER GENIESST MAN DAS PRIVILEG DES FREIEN AUSBLICKS AUF DIE MARIENBURG.

Fotos: Stefan Heigl

Fränkische Sturheit und langer Atem machten es am Ende möglich: Der Golfclub Würzburg ist auch wegen seiner Natürlichkeit eine Bereicherung der Clubszene.

ABSCHLAG

Ein abwechslungsreiches hügeliges Gelände auf einem Hochplateau ist die Grundlage für den Golfplatz am Südrand von Würzburg. Von vielen Bahnen an der Giebelstädter Steige genießen die Spieler hervorragende Ausblicke auf das Maintal mit der Würzburger Altstadt und der Festung Marienburg. Andere Bahnen verlaufen zwischen unberührter Natur und altem Baumbestand. Dabei liegt der Club verkehrsgünstig nur zwei Kilometer von der Autobahn 3 und keine zehn Minuten vom Zentrum der Stadt entfernt.

Der Weg dahin aber war eine große Herausforderung. Die ersten neun Löcher weihte der 1984 gegründete Club erst 1995 ein, die zweite Hälfte 2006. Dank der ausgesuchten Lage und der 18 in den natürliche Landschaftsverlauf eingepassten Spielbahnen eroberte sich der Platz rasch eine Spitzenposition. Wie gemalt räkelt sich die 56 Hektar große Anlage über die früher landwirtschaftlich genutzte Fläche. Ohne eigene Wasserversorgung wäre sie nicht realisierbar gewesen. Doch ein Wünschel-

rutengänger fand das kostbare Nass in 95 Metern Tiefe, das heute über zwei Brunnen und 16 Kilometer lange Rohrleitungen auf 320 Sprinkler verteilt wird. Drei Teiche wurden angelegt. Die satten Grüns, mehr als 500 neu gepflanzte Bäume und 4000 Sträucher machen den Platz heute zum größten Grünareal der Stadt Würzburg.

Es reizen sehr unterschiedliche Spielbahnen: So geht der Blick vom Abschlag 2 (Par 3, 158 Meter) über eine Senke auf ein malerisch gelegenes Grün, das von vorne durch einen Bunker geschützt wird. Unterschiedliche Terrassen bieten viele Möglichkeiten, das Loch leicht oder schwierig zu gestalten. Vom Abschlag 3 hat man einen fantastischen Blick auf die Festung Marienburg und die Weinberge mit der Spitzenlage Würzburger Stein. Vom Abschlag 4 muss man mehr als 120 Meter über eine Schlucht spielen, in der Obstbäume stehen. Und was da unten glitzert, sind entweder Gänseblümchen oder verlorene Bälle. Die Nummer 7, mit 487 Metern (Par 5) das längste Loch des Platzes, führt dagegen 20 Meter bergauf am Waldrand entlang.

Golf Club Würzburg
Am Golfplatz 2, 97084 Würzburg
Telefon —49 (0)931-67890
info@golfclub-wuerzburg.de
www.golfclub-wuerzburg.de

Pro-Shop
Telefon —49 (0)931-67890

Restaurant
Elmi (im Winter: Montag Ruhetag),
Telefon —49 (0)931-99172640

Platz 1
5765 Meter (Herren)
4727 Meter (Damen)

Infrastruktur
Driving Range
(30 Abschläge, davon fünf überdacht)
Skycaddie-Vermessung

Gäste
willkommen, HCP-Nachweis (54),
Softspikes

Greenfee
60 € / Woche; 70 € / Wochenende
Jugendliche: 40 € / 50 €

83

GOLFCLUB ACHENSEE

HIMMELHOCH
golfend

ERST VOR WENIGEN JAHREN LIESS SICH DER TRADITIONSCLUB IN PERTISAU EINEN GANZ NEUEN 18-LÖCHER-PLATZ IM HOCHGEBIRGE VON TIROL BAUEN – AUF 950 METERN HÖHE.

ABSCHLAG

Golfclub Achensee
Am Golfplatz, A-6213 Pertisau
Telefon +43 (0)5243-5377
info@golfclubachensee.at
www.golfclub-achensee.at

Pro-Shop
Telefon +43 (0)5243-53630

Restaurant
Am Platz, +43 (0)5243-43094

Platz
5709 Meter (Herren)
4942 Meter (Damen)

Infrastruktur
Driving Range
(18 überdachte Abschläge)

Gäste
willkommen, HCP-Nachweis (45), PE,
Softpikes

Greenfee
80 € / Woche; 80 € / Wochenende
Jugendliche: Ermäßigung

Im Hochgebirge nördlich von Jenbach in Tirol liegt der fast zehn Kilometer lange Achensee. An seinem Westufer ist der Tourismusort Pertisau entstanden, abseits von Verkehrswegen, eingeklemmt zwischen den Zweitausendern des majestätisch aufragenden Karwendelgebirges und dem großen See.

Hier hat der Golfclub Achensee bereits seit 1934 seinen Sitz. 1995 ließ er einen ganz neuen Golfplatz mit neun Löchern bauen, der bis 2005 auf 18 Spielbahnen erweitert wurde. Der Platz beginnt am Westrand von Pertisau, verläuft durch den Wald und hat viele Doglegs. Üppig grüne Almen mitten in den Tälern eines Hochwalds mit gewaltigen Tannen, Fichten und Erlen prägen das Bild. Einige dieser Bäume engen die Fairways ein, auch Wasserläufe „stören" das einfache Golfspiel über die offensichtlich natürliche Spiellinie.

Für seine Lage auf 950 Metern Seehöhe ist der Platz ungewöhnlich sanft, aber spielerisch anspruchsvoll. Als schön, schwierig und kuschelig wird er oft beschrieben. Erst 2007 entstand das neue Clubhaus. Insgesamt findet der Golfspieler hier nicht nur erholsame Ruhe, sondern auch den speziellen Tiroler Flair mit Gemütlichkeit und Geselligkeit.

Foto: golf in austria

84

BERG- UND TALBAHN
für Fortgeschrittene

GOLFCLUB ADAMSTAL

DAS VORALPENLAND BEI HAINFELD IN NIE-
DERÖSTERREICH BIETET EINEN GOLFPLATZ
FÜR GANZ UNTERSCHIEDLICHE ANSPRÜCHE.

*Was so idyllisch durchs Tal mäandert, ist für den Golfer eine echte Herausforderung. Ein
Drive sollte möglichst gerade sein, um nicht auf schwierige bis undurchdringliche Abwege
zu geraten. Vor allem lauern entlang der Fairways ohnehin an vielen Stellen Ausgrenzen.
Ein ordentlicher Ball-Vorrat ist daher Pflicht …*

Fotos: www.severnimages.com

A B S C H L A G

Golfclub Adamstal
Gaupmannsgraben 21, A-3172 Ramsau
Telefon −43 (0)2764-3500
info@adamstal.at
www.adamstal.at

Pro-Shop
Telefon +43 (0)2764-3500

Restaurant
Im Clubhaus (mit Fremdenzimmer)
Telefon +43 (0)2764-350020

Platz
5582 Meter (Herren)
4807 Meter (Damen)

Infrastruktur
Driving Range
(13 Abschläge davon 3 überdacht)

Gäste
willkommen, HCP-Nachweis (45), PE,
VcG zugelassen, Voranmeldung

Greenfee
65 € / Woche; 80 € / Wochenende
Ermäßigung ab 14 Uhr
Jugendliche: Auf Anfrage

D as niederösterreichische Voralpenland ist schon während der Monarchie eine klassische Sommerfrische
gewesen. Deshalb wurde 1887 in Ramsau oberhalb
von Hainfeld im Gölsental ein Hotel gebaut. Es ist von
Wien einigermaßen schnell erreichbar, aber doch weit genug weg,
um sich fernab vom Trubel der Großstadt in dieser waldreichen
Gegend mit kleinen Bergen wohlfühlen zu können.
Hier ließ der erfolgreiche Rallyefahrer Franz Wittmann zusammen
mit Hans Zöchling einen Golfplatz bauen. 1995 wurden die ersten
neun Löcher eröffnet; seit 2007 sind es 27 Bahnen. Mit ihrer Gestaltung auch in den Details ist die Anlage ein Schmuckkästchen und
wurde etliche Male ausgezeichnet. Das alte Hotel „Adamthal" dient

heute als Clubhaus. Die Golfanlage fügt sich ohne Stilbruch in die
bezaubernde Hochwald- Landschaft ein. Viele Bäume begleiten
die in dem Tal des Wallerbachs und auf den benachbarten Hängen
am Fuße des Unterbergs angelegten Bahnen. Durch die Höhenunterschiede, Doglegs und schmalen Fairways bieten sie die nötige
Spannung. Der fantastische Panoramablick entschädigt für manche
Mühen.
Der Golfclub bietet nunmehr einen 18-Löcher-Championship-
Course der Spitzenklasse. Er entstand auf dem Gelände der ehemaligen Spielbahnen 1 bis 9 auf der Westseite der Anlage, hat zwar
sportlichen Charakter, ist aber mit sechs verschiedenen Abschlägen
pro Loch fair zu Golfern aller Spielstärken.

85

TopTen Platz

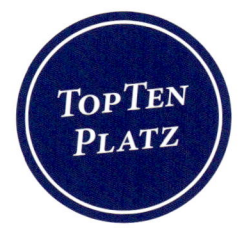

GOLF & COUNTRY CLUB GUT ALTENTANN

DIE SPUR DES GOLDENEN BÄREN

Ein typischer Jack-Nicklaus-Platz. Wellige Fairways, strategische Bunker, große Wasserflächen. Gut Altentann gehört für Golfer auf Österreich-Tour ganz oben auf die Agenda der Plätze, die man gespielt haben muss. Über ungewohnt hohe Scores muss man sich nicht wundern – die sind im Greenfee inklusive.

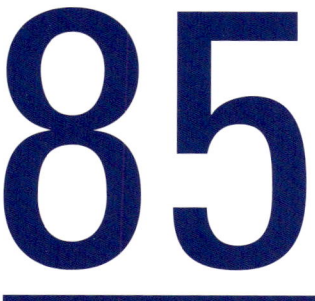

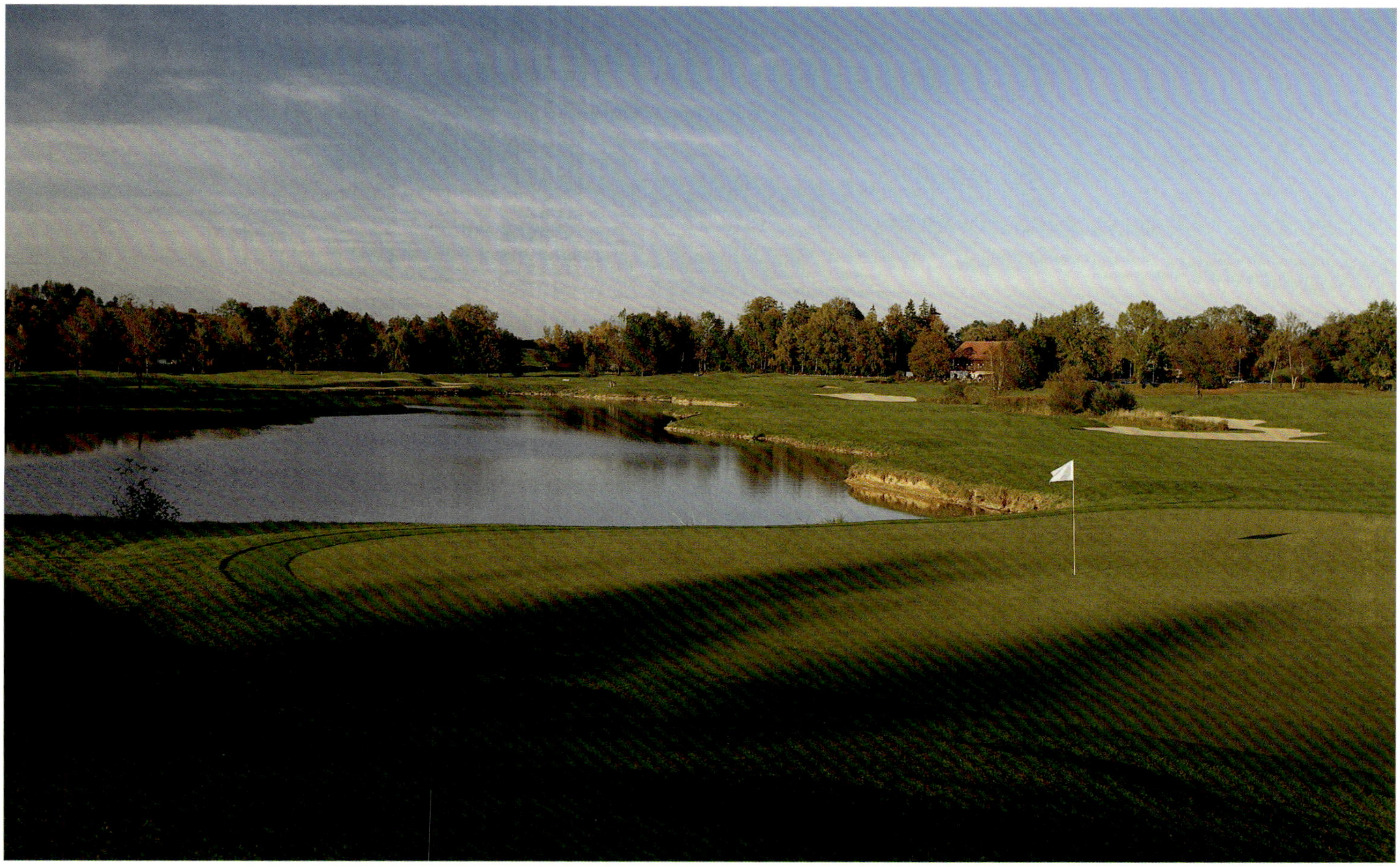

Fotos: www.severnimages.com

DER NAME IST PROGRAMM: KEIN GERINGERER ALS JACK NICKLAUS PERSÖNLICH ZEICHNETE DEN PLATZ BEI SALZBURG. DER GOLDENE BÄR SCHUF HIER SEIN MEISTERWERK.

ABSCHLAG

Golf & Country Club Gut Altentann
Hof 54, A-5302 Henndorf
Telefon +43 (0)6214-60260
office@gutaltentann.com
www.gutaltentann.com

Pro-Shop
Telefon +43 (0)6214-60260

Restaurant
Restaurant Gut Altentann,
Telefon +43 (0)6214-502612

Platz
5652 Meter (Herren)
4587 Meter (Damen)

Infrastruktur
Driving Range
(25 Abschläge, davon 5 überdacht)

Gäste
willkommen, HCP-Nachweis (36),
VcG zugelassen, Softpikes,
Voranmeldung

Greenfee
75 € / Woche; 100 € / Wochenende
Jugendliche bis 21: 35 €

Der Flachgau im Salzburger Land ist eine eher liebliche Mittelgebirgslandschaft mit sanft ansteigenden Hügeln und naturbelassenen Bächen. In Henndorf am Wallersee in der Nähe von Salzburg liegt der 68 Hektar große Golfplatz auf Gut Altentann. Seit 1989 fügt der Platz sich harmonisch in die Landschaft zwischen dem Ort und den bewaldeten Bergen. Das Gut Altentann wurde im 8. Jahrhundert angelegt. An Stelle des 1680 abgebrannten Schlosses entstand ein Pferdestall, der heute das urige Clubhaus ist. Der 18-Löcher-Platz mit Längen bis zu 6103 Metern verlangt den Spielern viel ab. Trotzdem gelang dem Iren Des Smith 1990 bei der Austrian Open ein Platzrekord mit 62 Schlägen (10 unter Par). Die ersten neun Löcher sind eben, und der zweite Teil ist eher hügelig. Viel Wasser, 68 Bunker und unangenehme Roughs verlangen ein genaues Spiel. Ein Höhepunkt ist das Loch 18: Auf 445 Metern Länge wird das Par 5 von vielen Hindernissen gequert und begleitet und hat schließlich noch ein kleines, schlecht einsehbares Grün.

Ein historischer Gutshof als Clubhaus. Der Reiz auf Gut Altentann liegt im Kontrast zwischen gewachsener und artifiziell gestalteter Landschaft.

86

OHNE WORTE am WÖRTHERSEE

KÄRNTNER GOLFCLUB DELLACH

ANKOMMEN UND STAUNEN: DER KÄRNTNER GC DELLACH
LEBT VON SEINEM PANORAMA ZWISCHEN BERG UND WASSER

ABSCHLAG

Kärntner Golfclub Dellach
Golfstraße 3, A-9082 Maria Wörth
Telefon +43 (0)4273-2515
office@kgcdellach.at
www.kgcdellach.at

Pro-Shop
Telefon +43 (0)4273-20045

Restaurant
Am Platz, +43 (0)4273-2954

Platz
5604 Meter (Herren)
5017 Meter (Damen)

Infrastruktur
Driving Range
(20 Abschläge, davon 10 überdacht)

Gäste
willkommen, HCP-Nachweis (36), PE,
VcG zugelassen

Greenfee
80 € / Woche; 80 € / Wochenende
Jugendliche: Ermäßigung

Das leicht gewellte Südufer des Wörther Sees in Kärnten ist eine ideale Grundlage für eine Golfanlage. Auf einem Landvorsprung im Wörther Ortsteil Dellach hat der Kärntner Golfclub Dellach schon 1929 seinen Platz eröffnet. Die 9-Löcher-Anlage wurde 1964 auf 18 Bahnen erweitert.

Mit neuem Clubhaus, Bewässerungsanlagen und im Detail vielfach umgestalteten Spielbahnen begann der Weg in das moderne Golf-Zeitalter. Heute gehört er zu den spielerisch anspruchsvollsten Golfplätzen Österreichs, diente mehrfach als Austragungsort von Meisterschaften. Begeistert sind die Spieler vom Wechselspiel der herrlichen Ausblicke auf den nahen See und den einsamen Spielbahnen im angrenzenden Wald.

Die mäßigen Steigungen reichen aus, um die Spieler ins Schwitzen zu bringen. So gilt Loch 5 (391 Meter) zu den schwierigsten Par 4 in Österreich: auf einem engen Fairway bergauf mitten im Wald. Das Loch 12 ist mit bis zu 568 Metern Länge ein „Monster Par 5" – meistens besser als Par 6 zu spielen. Beim Loch 7, einem kurzen Par 3 (122 Meter), denken viele an ein Birdie: Doch sehr schnell kann auch ein Bogey daraus werden.

Die Grüns in Dellach gelten als treu und schnell. Gute Putt-Ergebnisse sind dennoch nicht garantiert – angesichts solcher Ausblicke auf den Wörther See.

Foto: www.severnimages.com

87

FEINE ANLAGE NACH berühmtem VORBILD

GOLFCLUB DRACHENWAND ST. LORENZ

AUF EINEM PLATEAU BEIM MONDSEE IM
SALZKAMMERGUT ERWARTEN DEN GOLFER
SORGFÄLTIG MANIKÜRTE BAHNEN.

Foto: Albin Niederstrasser

ABSCHLAG

Golfclub Drachenwand
Am Golfplatz 4, A-5310
St.Lorenz-Mondsee
Telefon +43 (0)6232-5656
office@gcdrachenwand.at
www.gcdrachenwand.at

Pro-Shop
Telefon +43 (0)6232-5656

Restaurant
Ristorante Michelangelo
Telefon +43 (0)6232-565623

Platz
5340 Meter (Herren)
4766 Meter (Damen)

Infrastruktur
Driving Range
(11 Abschläge, davon 3 überdacht)

Gäste
willkommen, HCP-Nachweis (45),
VcG zugelassen, Voranmeldung

Greenfee
55 € / Woche; 55 € / Wochenende
Jugendliche bis 14: kostenfrei

Im Herzen des Salzkammergutes und nahe der Stadt Salzburg liegt der Mondsee. Westlich vom See und außerhalb des gleichnamigen Ortes liegt das Areal des Golfclubs Drachenwand St. Lorenz mit seinem unvergesslichen Panorama. Die mehrfach prämierte Anlage am Fuße der markanten Drachenwand entwarf der Südafrikaner Marc Muller nach einer Idee von Jack Nicklaus nach dem Vorbild des berühmten Cayman-Island-Courses. Für das leicht hügelige Plateau gestaltete Muller auf 27 Hektar ein individuelles Profil mit neun sehr unterschiedlichen Bahnen. Sie lassen die Wahl zwischen einer kurzen Runde und einem turnierreifen 18-Löcher-Course mit bis zu 5176 Metern. Die sorgfältig manikürten Bahnen bieten Anfängern und guten Spielern die nötige Herausforderung. So ist das Loch 4 (Par 3) zwar nur 150 Meter weit, der Weg führt aber über zwei Teiche und Bunker. Der Spieler muss also das Green genau treffen. Anfänger haben trotzdem eine Chance: Links vom Wasser befindet sich ein leicht erreichbares Grün für einen Zwischenstopp.

88

EIN AMERIKANISCHER
ALPEN-TRAUM

GOLFCLUB EICHENHEIM-KITZBÜHEL

DIESE 18 LÖCHER IN TIROL HABEN ES IN SICH: KULT-DESIGNER KYLE PHILIPPS AUS DEN USA SETZTE SICH EIN DENKMAL.

Eine Runde in Eichenheim vergisst man nicht – schon allein wegen der gewaltigen Grüns.

ABSCHLAG

Golfclub Eichenheim-Kitzbühel
Eichenheim 8-9, A-6370 Kitzbühel
Telefon +43 (0)5356-66615560
info@eichenheim.com
www.eichenheim.com

Pro-Shop
Telefon +43 (0)5356-66615560

Restaurant
Eichenheim, +43 (0)5356-66615892

Platz
5631 Meter (Herren)
4614 Meter (Damen)

Infrastruktur
Driving Range
(30 Abschläge, davon 11 überdacht)

Gäste
willkommen, HCP-Nachweis (36), PE,
VcG zugelassen

Greenfee
Ab 75 € (Frühling) bis 95 € (Sommer)
Jugendliche bis 18: 50% Ermäßigung

Foto: Albin Niederstrasser

Mitten in den Kitzbüheler Alpen, im Nordosten von Tirol, ist 2001 ein 18-Loch-Platz mit Postkarten-Ansichten eröffnet worden. Das Layout des Golfplatzes Eichenheim südöstlich des Wintersportortes Kitzbühel windet sich am Talrand der Jochberger Ache durch alpines Gelände. Der Wilde Kaiser, der Hahnenkamm und die Hohen Tauern mit ihren verschneiten Gipfeln und steilen Felswänden bilden den Hintergrund. Dichte Wälder mit naturbelassenen Bächen und unvergesslichen Schluchten sind im Vordergrund zu sehen.

Dabei war dieses hügelige Gelände gar nicht für eine Golfanlage geeignet. Tatsächlich müssen die Golfer beim Spiel selbst nur an wenigen Löchern mit Hanglagen kämpfen. Der vom amerikanischen Designer Kyle Philipps kreierte Golfkurs mit bis zu 6092 Metern Länge verlangt präzise Schläge von den Tees und ein feines Händchen auf den schnellen Grüns. Viele der Abschläge werden von erhöhten Tees gespielt und ermöglichen einen guten Ausblick auf das jeweilige Loch und die atemberaubende Szenerie. Insgesamt ist es ein abwechslungsreicher Platz mit vielen Feinheiten für sportliche Herausforderungen.

89

DIE ANLAGE VOR DEN TOREN WIENS HAT WELTKLASSE-NIVEAU UND WIRD IN EINEM ATEMZUG MIT VALDERRAMA IN SPANIEN GENANNT. NUR BEIM WETTER HAPERT'S.

GOLF- & SPORTCLUB FONTANA

Den Platz des Golf- und Sportclubs Fontana trauen viele Menschen der Alpen-Republik gar nicht zu. Denn er liegt in Niederösterreich in einer riesigen Ebene mit nur gut 200 Metern Seehöhe. Dieses Steinfeld im südlichen Teil des Wiener Beckens ist eine flache, trockene und im Sommer warme Gegend mit mehreren Flüssen. Das ausgeprägte kontinentale Klima hat durchaus seinen Reiz, zumal die Golfer immer mal auch mit einer stetigen Brise zu kämpfen haben. Die elegant-exklusive Freizeitanlage wurde 1996 am westlichen Ortsrand von Oberwaltersdorf angelegt, etwa 20 Kilometer von Wien entfernt.

Auf dem großzügigen Gelände entstanden etliche Villen und ein Clubhaus in hellen Farben. Die historisierende Säulen- und Bogenarchitektur der Neubauten entwickelt reizvolle Kontraste zu dem zehn Hektar großen See und den akribisch gepflegten Fairways und Grüns. Charakteristisch für die nach US-Vorbild angelegte 18-Löcher-Anlage mit 6490 Metern Gesamtlänge sind die perfekt platzierten Bunker und Wasserhindernisse. Und spätestens, seit hier professionelle Golfer auf der European Tour Station machen, ist dieser Platz auch international anerkannt. Kurz: Ein bißchen Valderrama in Österreich. Wer den österreichischen Charme vermisst – Wien ist ja nicht weit.

ABSCHLAG

Golf- und Sportclub Fontana
Fontana Allee 1, A-2522 Oberwaltersdorf
Telefon +43 (0)2253-6062203
office@fontana.at
www.fontana.at

Pro-Shop
Telefon +43 (0)2253-6062203

Restaurant
Fontana Restaurant,
Tel +43 (0)2253-6062311

Platz 1
6089 Meter (Herren)
5392 Meter (Damen)

Infrastruktur
Driving Range
(30 Abschläge, davon 6 überdacht)

Gäste
willkommen, HCP-Nachweis (36),
VcG zugelassen, Softspikes

Greenfee
140 € / Woche; 155 € / Wochenende
Jugendliche: 50 % (bis 17); 30 % (bis 24)

Blau-Weiß-Grünes Wunderland

Foto: Albin Niederstrasser

90

GOLFCLUB GASTEIN

VON WEGEN ALTES EISEN

DER ÄLTESTE GOLFCLUB ÖSTERREICHS FEIERTE 2010 SEINEN 50. GEBURTSTAG.

ABSCHLAG

Golfclub Gastein
Golfstraße 6, A-5640 Bad Gastein
Telefon +43 (0)6434-2775
info@golfclub-gastein.com
www.golfclub-gastein.com

Pro-Shop
Telefon +43 (0)664-5350378

Restaurant
Golfstüberl, Tel +43 (0)6434-2775

Platz 1
5576 Meter (Herren)
4970 Meter (Damen)

Infrastruktur
Driving Range
(10 Abschläge, davon 5 überdacht)

Gäste
willkommen, HCP-Nachweis (54),
VcG zugelassen, Softspikes

Greenfee
69 € / Woche; 69 € / Wochenende
Jugendliche: 50 % Ermäßigung

Mit „Golfgenuss für alle Sinne" wirbt der Golfclub Gastein für seinen 18-Löcher-Platz im Nationalpark Hohe Tauern. Tatsächlich bietet die Anlage ganz verschiedene Reize. Sie liegt im Salzburgerland unterhalb des knapp 2500 Meter hohen Graukogels vor der Kulisse der eindrucksvollen Gebirgswelt in dem alten Kurort Bad Gastein. Im Ortsteil Kötschachdorf, nördlich vom Ortszentrum, breitet sich der Platz auf knapp 900 Metern Seehöhe entlang des Achen und auf den benachbarten Hängen

aus. Außer fünf Trinkwasserbrunnen bietet das ungewöhnlich langgezogene Golfplatzgelände auch noch zwei Zapfstellen für Thermalwasser.

Die ersten neun Löcher (heute Loch 10 bis 18) wurden seit 1960 auf relativ knappem Raum angelegt. Die später erbaute zweite Hälfte hat ungleich mehr Platz und liegt stärker auf den Hängen. So bietet der Platz einen gelungenen Wechsel zwischen hügeligen Bahnen und Ebenen, altem Baumbestand und romantischem Auwald. Inmitten der satten Grüns und dem würzigen Wald können Spieler den Duft der Blumenwiesen genießen und sich an der klaren Bergluft Gasteins erfreuen, sollten aber Bunker und Wasserhindernisse im Blick haben.

Fotos: Albin Niederstrasser

91

KEIN GRUND ZUR KLAGE

GOLFCLUB KLAGENFURT-SELTENHEIM

Nicht immer sind amerikanische Stil-Elemente nötig, um einem Club zu einem besonderen Flair zu verhelfen. Gerade das Landestypische hat auch seinen Reiz.

AM RAND DER KÄRNTNER HAUPTSTADT LIEGEN SPEKTAKULÄRE BAHNEN IN EINEM WEITEN TAL.

Fotos: www.severnimages.com

Der Golfplatz des Clubs Klagenfurt-Seltenheim wird sicher oft unterschätzt. Die vielen Teiche, Biotope und Bunker aber machen Freude, wenn der Golfer die Herausforderung liebt. Der 1996 gegründete Club hatte die relativ ebene Anlage in einem weiten Tal im Nordwesten der Kärntner Landeshauptstadt vor allem auf ehemaligen landwirtschaftlichen Flächen anlegen lassen.

Von einem Hügel grüßt das vom 17. Jahrhundert geprägte Schloss Seltenheim. Ein – keineswegs einfacher – 9-Loch-Romantik-kurs schlängelt sich durch den Schlosswald und bietet im Sommer angenehm schattige Spielbedingungen. Der 18-Löcher-Meisterschaftskurs dagegen steht für Herausforderung und Spektakuläres. Dank sechs verschiedener Abschläge pro Bahn kann das Golferlebnis sehr individuell gestaltet werden: Sie sind insgesamt zwischen 4435 und 6342 Meter lang.

Etwas für Mutige ist das anspruchsvolle Inselgrün bei Loch 8 (Par 3, 130 Meter). Die Spannung aber bleibt bis zum Schluss erhalten: Das schwierige letzte Loch ist ein Par 4 auf 335 Metern – sein schmales Fairway verläuft nahezu auf ganzer Länge neben einem Teich.

ABSCHLAG

Golfclub Klagenfurt-Seltenheim
Seltenheimer Str. 137,
A-9061 Klagenfurt-Wölfnitz
Telefon +43 (0)463-40223
office@gcseltenheim.at
www.gcseltenheim.at

Pro-Shop
Telefon +43 (0)463-40223

Restaurant
Golfrestaurant Seltenheim
Telefon +43 (0)463-49471

Platz
5888 Meter (Herren)
4957 Meter (Damen)

Infrastruktur
Driving Range
(34 Abschläge, davon 14 überdacht)

Gäste
willkommen, HCP-Nachweis (45),
VcG zugelassen, Softspikes

Greenfee
75 € / Woche; 75 € / Wochenende
Jugendliche Ermäßigung auf Anfrage

92

SO GANZ KLAR IST DIE IDENTITÄT NICHT, AUCH WENN SIE REIZVOLL IST: EIN BRITE AUF ABWEGEN IN DER STEIRISCHEN TOSKANA. DA MUSS EINE RUNDE ZWINGEND SPANNEND VERLAUFEN.

GOLFCLUB GUT MURSTÄTTEN

LANGE FAIRWAYS IN DEN AUEN DER MUR

Insgesamt gelten die österreichischen Plätze als überdurchschnittlich. Auch findet man – wie kaum irgendwo anders – Plätze sehr unterschiedlichen Charakters. Murstätten gilt als Parkland-Course mit britischem Einschlag.

ABSCHLAG

Golfclub Gut Murstätten
Oedt 14, A-8403 Lebring
Telefon +43 (0)3182-3555
gcmurstaetten@golf.at
www.gcmurstaetten.at

Pro-Shop
Telefon +43 (0)3182-3555

Restaurant
Am Platz, Telefon +43 (0)3182-355514

Platz 1 (18 Löcher)
6417 Meter (Herren)
5381 Meter (Damen)

Platz 2 (Südkurs)
6006 Meter (Herren)
5234 Meter (Damen)

Infrastruktur
Driving Range
(30 Abschläge, davon 16 überdacht)

Gäste
willkommen, HCP-Nachweis (36 /45),
PE, VcG zugelassen, Softspikes

Greenfee
60 /40 € / Woche; 73 /55 € / Wochenende
Jugendliche bis 14: Kostenfrei

Südlich von Graz gibt es eine Golfanlage bester britischer Prägung – nur das Wetter ist hier auf Gut Murstätten, in einem der schönsten Teile der „Steirischen Toskana", deutlich besser. Vor dem langgestreckten Rücken des Buchkogels breitet sich auf gut 300 Metern Seehöhe bei Lebring an der Mur eine weite Auenlandschaft mit viel Wasser und knorrigen Bäumen aus. Hier ließ der 1988 gegründete Club eine großzügige Golfanlage anlegen.

Mittelpunkt ist ein 14 Hektar großer See, an dem viele Bahnen des sportlich-anspruchsvollen Meisterschaftsplatzes entlangführen. Bei den Löchern 5 und 7 kann es leicht auch danebengehen, denn dort liegen die Grüns auf Halbinseln. Schwierig ist auch die 17: Dieses Par 5 führt in einem weiten Linksbogen am See entlang und ist bis zu 516 Meter lang. Ohnehin bietet der 18-Löcher-Platz mit 5072 bis 6417 Meter ungewöhnliche Gesamtlängen. 118 Bunker, viele Bodenwellen, ondulierte Grüns und zahlreiche Wasserhindernisse machen das Spiel zum Erlebnis. Darüber hinaus steht noch der 9-Löcher-Südkurs zur Verfügung – und das Ganze nur zwei Kilometer von der Pyhrn-Autobahn entfernt.

93

RIESIGES VERGNÜGEN IN
lieblicher LANDSCHAFT

GOLFSCHAUKEL LAFNITZTAL-STEGERSBACH

GOLFSPIELEN IM BESTEN SINNE. JEDER KOMMT AUF
DIESER ANLAGE AUF SEINE KOSTEN.

Im Süden des Burgenlandes, an der Grenze zur Steiermark, gibt es ein familienfreundliches Golfmekka: Reiter´s Golfschaukel zwischen Stegersbach und Neudauberg bietet 50 Loch. Damit ist die etwa 190 Hektar große Anlage das üppigste Golfresort in Österreich. Die saftig-grünen Fairways verteilen sich auf sanften Hügelrücken in einer lieblichen Landschaft, streifen Buschenschanken (Straußwirtschaften) und Kellerstöckln (Lagerhäuser) sowie kleine Wälder. Zwischen den Wiesen unten im weiten Tal fließt die mäandrierende Lafnitz, einst der Grenzfluss zwischen Österreich und Ungarn. In dieser von Gastronomie, Pensionen, Hotels und anderer touristischer Infrastruktur begleiteten Gegend wird Golf vor allem genossen, ebenso wie die etwa 300 Sonnentage pro Jahr.

Im milden pannonischen Klima reifen Apfel, Pfirsich, Kürbis und Wein: Die Lage ermöglicht zudem eine ganzjährige Bespielbarkeit auf Sommergrün. Zu der 1997 eröffneten Anlage gehören der 18-Löcher-

Panoramakurs (5354 Meter lang, Par 70) und der 18-Löcher-Südburgenlandkurs (5398 Meter lang, Par 69) mit einem sportlichen Level. Außerdem gibt es einen 9-Löcher-Platz und einen 5-Löcher-Funkurs.

Die abwechslungsreichen Bahnen verteilen sich weit im Gelände, führen in einem feinfühligen Layout über Hügel und Bachläufe, durch Täler und Wälder. Wasserhindernisse, Bunker und Bäume, längere und kurze Bahnen, Doglegs und ondulierte Grüns wechseln sich ab. Sogar der Wind spielt hier eine Rolle.

ABSCHLAG

Golfschaukel Lafnitztal-Stegersbach
Zum Golfzentrum 8, A-8292 Neudauberg
Telefon +43 (0)3326-55000
info@golfschaukel.at
www.golfschaukel.at

Pro-Shop
Telefon +43 (0)3326-55000

Restaurant
Eulenwirt, +43 (0)3326-5500023

Platz 1 (Südenburgenland)
5398 Meter (Herren)
4813 Meter (Damen)

Platz 2 (Panorama)
5354 Meter (Herren)
4707 Meter (Damen)

Infrastruktur
Driving Range
(59 Abschläge, davon 14 überdacht)

Gäste
willkommen, HCP-Nachweis (45), PE,
VcG zugelassen

Greenfee
49 € / Woche; 59 € / Wochenende
Jugendliche bis 14: 50%

Fotos: Stefan Heigl

94

GOLFCLUB SALZKAMMERGUT

PRÄZISES SPIEL AUS TRADITION

DER WEITLÄUFIGE PLATZ BEI BAD ISCHL BEEINDRUCKT MIT VIELEN HÖHEN UND TIEFEN.

Im Salzkammergut liegt einer der ältesten Golfplätze Österreichs: 1934 eröffnete der Golf Club Aschau seinen Platz zwischen der Kaiserstadt Bad Ischl und dem Wolfgangsee. Manche Berühmtheit ging hier über die Runde. Doch schon 1939 wurde der Club wieder aufgelöst. Erst 1960 konnte auf dem Gelände im Ortsteil Aigen-Voglhub ein neuer 9-Löcher-Platz des heutigen Vereins Salzkammergut Golfclub eingeweiht werden. Der wurde später in großen Teilen neu gebaut und schließlich 1988 um weitere neun Löcher zu einem vollwertigen Platz ergänzt. Die heutige Anlage liegt inmitten grüner Hügel im breiten Tal der Ischl. Sie wird von Gebirgsbächen und Teichen mit verwachsenen Ufern in einer interessanten Landschaft mit knorrigem Baumbestand eingerahmt. Die Höhen und Tiefen dieses weitläufigen Platzes und die vielen Schräglagen fordern präzises Spiel und viel Kondition.

Dabei finden sich an vielen Stellen historische Spuren. So heißt Loch 7 Mark McNulty`s Creek: Der Profi-Golfer aus Simbabwe brauchte auf diesem Par 4 (343 Meter) sechs Schläge und verlor das Turnier. Oder das klassische Loch 9: Es ist mit stattlichen 403 Metern eines der alten Par 4 des Traditionsplatzes.

ABSCHLAG

Golfclub Salzkammergut
Wirling 36, A-5360 St. Wolfgang
Telefon +43 (0)6132-26340
office@salzkammergut-golf.at
www.salzkammergut-golf.at

Pro-Shop
Telefon +49 (0)6132-26340

Restaurant
Golfrestaurant, Tel +43 (0)6132-2634013

PLATZ
5707 Meter (Herren)
5003 Meter (Damen)

Infrastruktur
Driving Range
(30 Abschläge, davon 8 überdacht)

Gäste
willkommen, HCP-Nachweis, PE, VcG zugelassen, Softspikes, Voranmeldung

Greenfee
69 € / Woche; 69 € / Wochenende
Jugendliche: 40 €

Foto: Albin Niederstrasser

95

EIN COUNTRY CLUB
DER ALTEN SCHULE

GOLF UND COUNTRY CLUB SCHLOSS PICHLARN

**SCHLOSS PICHLARN IST WELTBERÜHMT.
ES WAR UND IST EIN SPITZENRESORT.**

Fotos: Stefan Heigl

Das Ennstal in der westlichen Steiermark besticht durch eine Bilderbuchlandschaft mit Wäldern und Almen, kleinen Orten im Flusstal und Bergmassiven im Hintergrund. Im Oberlauf hat die Enns eines der großen Längstäler der Ostalpen gebildet. Hier zwischen Aigen und Irdning, gegenüber des Berges Grimming (2351 Meter), sitzt das Schloss Pichlarn auf einem etwa 700 Meter hohen Hang.

Irdning liegt zwischen Schladming und der Autobahn 9: Von Salzburg und Graz ist die Region so innerhalb einer Autostunde zu erreichen. Der ungewöhnlich große Schloss-bau stammt aus dem 11. Jahrhundert, wurde während der Renaissance weitgehend neu gebaut und für das Fünf-Sterne-Hotel stark modernisiert. Es ist heute der Mittelpunkt für das exklusive Golf- und Wellness-Resort mit Ayurveda Zentrum und einem 18-Lö-cher-Meisterschaftsplatz.

Die Fairways wurden nach den Plänen des britischen Architekten Donald Harradine schon 1979 unterhalb eines Waldes in ein sehr hügeliges Gelände integriert. Wald, Al-men und Berge prägen die Struktur des Plat-zes, der auch Wasserhindernisse und Bun-ker aufweist. Den Platzrekord hält übrigens Bernhard Langer mit einer 66er Runde.

ABSCHLAG

Golf und Country Club Schloss Pichlarn
Zur Linde 1, A-8943 Aigen im Ennstal
Telefon +43 (0)3682-24440540
info@golfpichlarn.at
www.golfpichlarn.at

Pro-Shop
Telefon +43 (0)3682-22841198

Restaurant
Schloss Pichlarn,
Telefon +43 (0)3682-24440560

Platz
5472 Meter (Herren)
4896 Meter (Damen)

Infrastruktur
Driving Range
(32 Abschläge, davon 12 überdacht)

Gäste
willkommen, HCP-Nachweis (54), PE,
VcG zugelassen, Softspikes,
Voranmeldung

Greenfee
70 € / Woche; 70 € / Wochenende
Jugendliche: 50 % Ermäßigung

96 GOLFEN AUF DER ALM

GOLFCLUB SEEFELD-WILDMOOS

Fotos: www.severnimages.com

A B S C H L A G

Golfclub Seefeld-Wildmoos
Postfach 22, A-6100 Seefeld/Tirol
Telefon +43 (0)5212-52402
info@seefeldgolf.com
www.seefeldgolf.com

Pro-Shop
Telefon +43 (0)5212-5240250

Restaurant
Am Platz, Telefon +43 (0)5212-5240230

Platz
5894 Meter (Herren)
5167 Meter (Damen)

Infrastruktur
Driving Range
(20 Abschläge, davon sieben überdacht)

Gäste
willkommen, HCP-Nachweis,
VcG-Spieler zugelassen

Greenfee
79 € / Woche; 79 € / Wochenende
Jugendliche: 50 % Ermäßigung

EIN ALTER BEKANNTER ERWARTET DEN REISENDEN GOLFER:
AUF DER ANLAGE DES GOLFCLUBS IN WILDMOOS HINTER-
LIESS ARCHITEKTENLEGENDE DONALD HARRADINE EINES
SEINER AM BESTEN GELUNGENEN DESIGNS.

Auf dem Platz des Golf Clubs Seefeld-Wildmoos ist quasi das Spiel auf der Alm möglich: Er liegt oberhalb vom Inntal auf knapp 1300 Metern Höhe zwischen Telfs und Seefeld in einer sehr ruhigen Berglandschaft. Das Gelände mit Wiesen, alten Birken, Lärchen, Buchen und Fichten sowie zwei Bergseen bietet typische Ausblicke auf die Welt der Tiroler Alpen zwischen Wetterstein und Karwendel. Der englische Architekt Donald Harradine hat die 1970 eröffnete 18-Löcher-Anlage gefühlvoll in ein Naturschutzgebiet eingefügt. Bei flüchtiger

Betrachtung scheinen sich die dominierenden Par-4-Löcher fast selbstverständlich in die Landschaft zu fügen. Die Tücken liegen in den engen Schneisen, den seitlich steil abfallenden Fairways und den uneinsehbaren Grüns. Die Krönung sind die beträchtlichen Höhenunterschiede an den Berghängen. So liegt der Abschlag für Loch 9 etwa 45 Meter über dem – stark hängenden – Grün. Die 22 Meter lange Landezone der insgesamt nur 162 Meter langen (Flug-) Bahn liegt auf einem steil abfallenden Plateau. Ein hohes Anspiel ist also dringend anzuraten.

97

GOLFANLAGE VELDEN KÖSTENBERG

LUXUS ZUM TEE IM TAL

Große Grüns – das weiß jeder Golfer aus Erfahrung – sind nicht unbedingt ein Vorteil. Erst recht nicht, wenn sie schwierig zu lesen und obendrein schnell sind. In Velden leistet der Greenkeeper ganze Arbeit!

Zentral und doch ruhig liegt die Golfanlage Velden-Köstenberg in einem von Wäldern umgebenen Gelände auf 700 Metern Höhe: auf dem Bergrücken zwischen Velden am Wörther See und dem Ossiacher See in Kärnten. Die Bauweise mit zahlreichen Feuchtbiotopen und Bächen macht diesen von Kurt Roßknecht gestalteten Kurs zu einem alpinen Naturplatz im sonnigen Süden von Österreich. Das großzügige Gelände bietet einen Wechsel zwischen breiten Fairways und schmalen Bahnen mit alten Bäumen, Schilf- und Strauchgruppen sowie ebenen Spielflächen und hügeligen Abschnitten. Bei einigen Bahnen ist das Treffen der Landezonen sehr wichtig, damit der Ball auf den schrägen Fairways nicht abwärts rollt. So wird vom sportlich ambitionierten Spieler sowohl Länge als auch präzises Spiel verlangt. Den Anfängern wird angesichts von großzügig dimensionierten Landezonen Milde gewährt, wobei die großen Grüns die Putts nicht einfach machen. Beeindruckend ist das Loch 10 (Par 4): Der Höhenunterschied von 95 Metern raubt manchem Golfer fast den Atem. Der Blick ins tiefe Tal mit den Karawanken im Hintergrund ist atemberaubend.

ABSCHLAG

Golfanlage Velden-Köstenberg
Golfweg 41, A-9231 Köstenberg
Telefon +43 (0)4274-7045
office@golf-velden.co.at
www.golfvelden.at

Pro-Shop
Telefon +43 (0)4274-7045

Restaurant
Birdie, Tel +43 (0)664-88469669

Platz
5727 Meter (Herren)
4995 Meter (Damen)

Infrastruktur
Driving Range (offen und überdacht)

Gäste
willkommen, HCF-Nachweis, PE, VcG zugelassen

Greenfee
75 € / Woche; 75 € / Wochenende
Jugendliche: 50 % Ermäßigung

98

GOLFCLUB WILDER KAISER

ZU SCHÖN, UM WAHR ZU SEIN…

SPORTLICH KOMMT MAN AUF DER FLACHEN ANLAGE NICHT AUS DER PUSTE, DAFÜR SIND DIE AUSBLICKE ATEMBERAUBEND.

Das Gebirgsmassiv Wilder Kaiser östlich von Kufstein in Tirol zählt zu den besonders markanten Alpenfelsen. Das etwa 20 Kilometer breite Gebirge fasziniert mit dem schroff gebrochenen, blanken Kalkfels. Sein höchster Gipfel ist der Ellmauer Halt mit 2344 Metern. Direkt am Fuß des gewaltigen Massivs breitet sich ein grüner „Garten" mit Seen, Bächen, Bäumen, Sträuchern und 27 Löchern aus: der Golfplatz Wilder Kaiser.
Auf dem natürlichen Landschaftsrelief von 88 Hektar gibt es acht Hektar Wasserflächen und 42 Bunker. Das Bild des ebenen Platzes aber bestimmen die saftigen Fairways und Grüns vor dem herrlichen Panorama. Die ideale Sonnenlage im Süden der hohen Berge ermöglicht eine lange Spielsaison. Es gibt drei 9-Löcher-Courses, welche jeweils miteinander kombiniert werden können. Dadurch wird dem Gast ein abwechslungsreicher Golfurlaub geboten.

Die Postkartenidylle ist trügerisch, denn schnell zeigt einem der Platz, worauf es ankommt: Auf präzise geplante Drives, um sich beim zweiten Schlag zum Grün in eine strategisch günstige Lage zu bringen. Wenn da nicht das Wasser wäre …

A B S C H L A G

Golfclub Wilder Kaiser Ellmau
Dorf 2, A-6352 Ellmau
Telefon +43 (0)5358-4282
office@wilder-kaiser.com
www.wilder-kaiser.com

Pro-Shop
Telefon +43 (0)5358-4282

Restaurant
Golfrestaurant Ellmau,
Telefon +43 (0)664-1012611

Platz (18 Löcher)
6135 Meter (Herren)
5420 Meter (Damen)

Platz (9 Löcher)
2431 Meter (Herren)
2162 Meter (Damen)

Infrastruktur
Driving Range
(25 Abschläge, davon 9 überdacht)

Gäste
willkommen, HCP-Nachweis (45/36),
PE, VcG zugelassen, Softspikes

Greenfee
84 € (18 Löcher); 52 € (9 Löcher)
Jugendliche: 50 % Ermäßigung

99

GOLFCLUB
ZELL AM SEE

FAIRWAY
TO HEAVEN

36 LÖCHER ZWISCHEN GLETSCHER UND
SEE. SPÄTESTENS JETZT BEKOMMT MAN
ALS GOLFER EINE GÄNSEHAUT.

Eingebettet in das breite und sonnige Salzachtal mit dem traumhaften Gebirgspanorama des Nationalparks Hohe Tauern liegt die Anlage des Golfclubs Zell am See Kaprun mitten in den österreichischen Alpen. Im Ortsteil Zellermoos gibt es die 18-Löcher-Championship-Plätze gleich im Doppelpack: Die Anlage Schmittenhöhe wurde 1984 von dem englischen Architekten Donald Harradine gestaltet. Bis 1993 folgte in zwei Schritten der zweite Platz Kitzsteinhorn. Die Namen verweisen auf die beiden Hausberge. Weitere neun Löcher zwischen See und Schnee sind geplant. Schon jetzt gilt der Platz als die größte Golfanlage der Alpen. Die Plätze bieten für Golfer jeder Spielstärke alles, was für ein anspruchsvolles Spiel erforderlich ist. Sie liegen in einem flachen Gelände zwischen dem Gletscher-Ski-Gebiet des 3200 Meter hohen Kitzsteinhorn, der Schmittenhöhe, dem schönsten Aussichtsberg der Alpen, sowie dem naturreinen Zeller Badesee. Die parkartige Anlage hat viele Biotope und mehrere Seen. Die ideale Lage auf dem sonnigen Talboden auf immerhin 750 Metern Seehöhe gewährt Bespielbarkeit von April bis Oktober.

Fotos: Albin Niederstrasser

Das muss der Neid einem lassen: Die Platzarchitekten verstanden nicht nur ihr golferisches Handwerk, sondern auch das optisch-kreative Spiel mit dem Wasser.

A B S C H L A G

Golfclub Zell am See Kaprun
Golfstraße 25, A-5700 Zell am See
Telefon +43 (0)6542-561610
golf@zellamsee-kaprun.at
www.golf-zellamsee.at

Pro-Shop
Telefon +43 (0)6542-564820

Restaurant
Am Platz, Telefon +43 (0)6542-5616115

Platz Schmittenhöhe
5980 Meter (Herren)
5253 Meter (Damen)

Platz Kitzsteinhorn
6030 Meter (Herren)
5344 Meter (Damen)

Infrastruktur
Driving Range
(40 Abschläge, davon 8 überdacht)

Gäste
willkommen, HCP-Nachweis (36 bis45),
PE, VcG zugelassen, Softspikes

Greenfee
84 € / Woche; 84 € / Wochenende
Jugendliche: 45 €

100

GOLFCLUB ZUGSPITZE

DEM HIMMEL SO NAH

DER PLATZ AUF DER SONNENSEITE DES
WETTERSTEINMASSIVS WURDE SENSIBEL
IN EIN NATURSCHUTZGEBIET EINGEFÜGT.
PANORAMA IST IM GREENFEE INKLUSIVE.

*Sicher – es ist nur ein kleiner Platz mit
zurzeit noch neun Löchern. Aber es ist ein
Parcours, der alle Kriterien erfüllt: Kulisse,
Qualität, Spielpotenzial.*

Fotos: www.severnimages.com

Am Nordrand von Tirol, auf der Sonnenseite der Zugspitze, liegen die Luftkurorte Ehrwald und Lermoos in einer riesigen Naturarena auf 1000 Metern Höhe. Das flache Talbecken hat das Wettersteinmassiv mit Deutschlands höchstem Berg, der Zugspitze, das Mieminger Gebirge und andere Zweitausender als beeindruckende Kulisse. 2005 wurde hier in einem Moor-Almengebiet zwischen Lermoos und Ehrwald ein 9-Löcher-Golfplatz eingeweiht – mitten in einem Naturschutzgebiet. Zu dieser reizvollen Anlage gehört auch ein teilweise in das Gelände eingelassenes Clubhaus mit einer einzigartigen Architektur: ein sehr leicht wirkender Holz-Schalenbau mit Naturdach.

Mit viel Fingerspitzengefühl wurden Spielbahnen geschaffen, die den ökologischen Anforderungen dieser sensiblen Landschaft entsprechen. Durch Wellen, natürliche Hindernisse, Bunker und Wasser sowie alpine Vegetation sind hier Spieler gefordert, die mit ihren Schlägern gut umgehen können. Der nur etwa 18 Kilometer vom bayerischen Garmisch-Partenkirchen entfernte Platz soll auf 18 Löcher erweitert werden und gehört zum Tourismusverbund Zugspitz-Arena, der viele Sportarten unterstützt.

Man muss nicht viel Fantasie entwickeln, um zu wissen, dass der Golfteufel hier im Detail steckt. Extrem schnelle Grüns machen es einem nicht leicht, mit höchstens zwei Putts einzulochen.

A B S C H L A G

Golfclub Zugspitze
Golfclub Zugspitze
Am Rettensee 1, A-6632 Ehrwald
Telefon +43 (0)5673-22366
info@tiroler-zugspitzgolf.at
www.tiroler-zugspitzgolf.at

Pro-Shop
Telefon +43 (0)5673-22366

Restaurant
Golfinc, Telefon +43 (0)5673-22391

Platz
5990 Meter (Herren)
5166 Meter (Damen)

Infrastruktur
Driving Range
(40 Abschläge, davon 5 überdacht)

Gäste
willkommen, HCP-Nachweis (54), PE,
VcG zugelassen, Softspikes

Greenfee
56 € / Woche; 56 € / Wochenende
Jugendliche: 50 % Ermäßigung

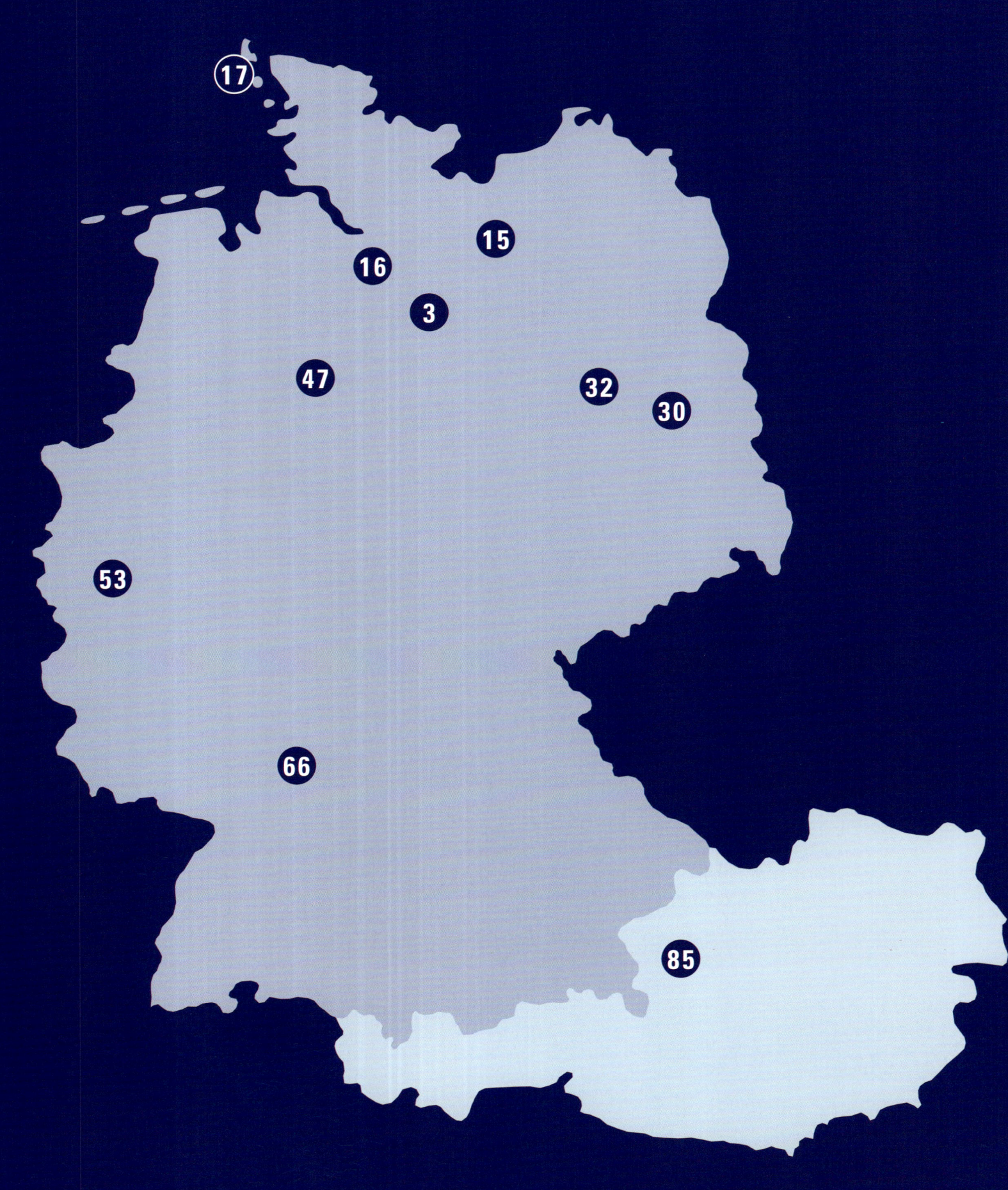

Die TOP TEN

in DEUTSCHLAND und ÖSTERREICH

TopTen
Platz

Am Golfplatz
21524 Brunstorf
+49 (0)4151-867878
info@golfclub-brunstorf.de
www.golfclub-brunstorf.de

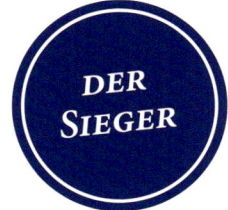

DER SIEGER

15 WINSTON GOLFCLUB SCHWERIN 2 .... SEITE 36

Kranichweg 1, 19065 Gneven-Vorbeck
Telefon +49 (0)3860-5020
info@winstongolf.de
www.winstongolf.de

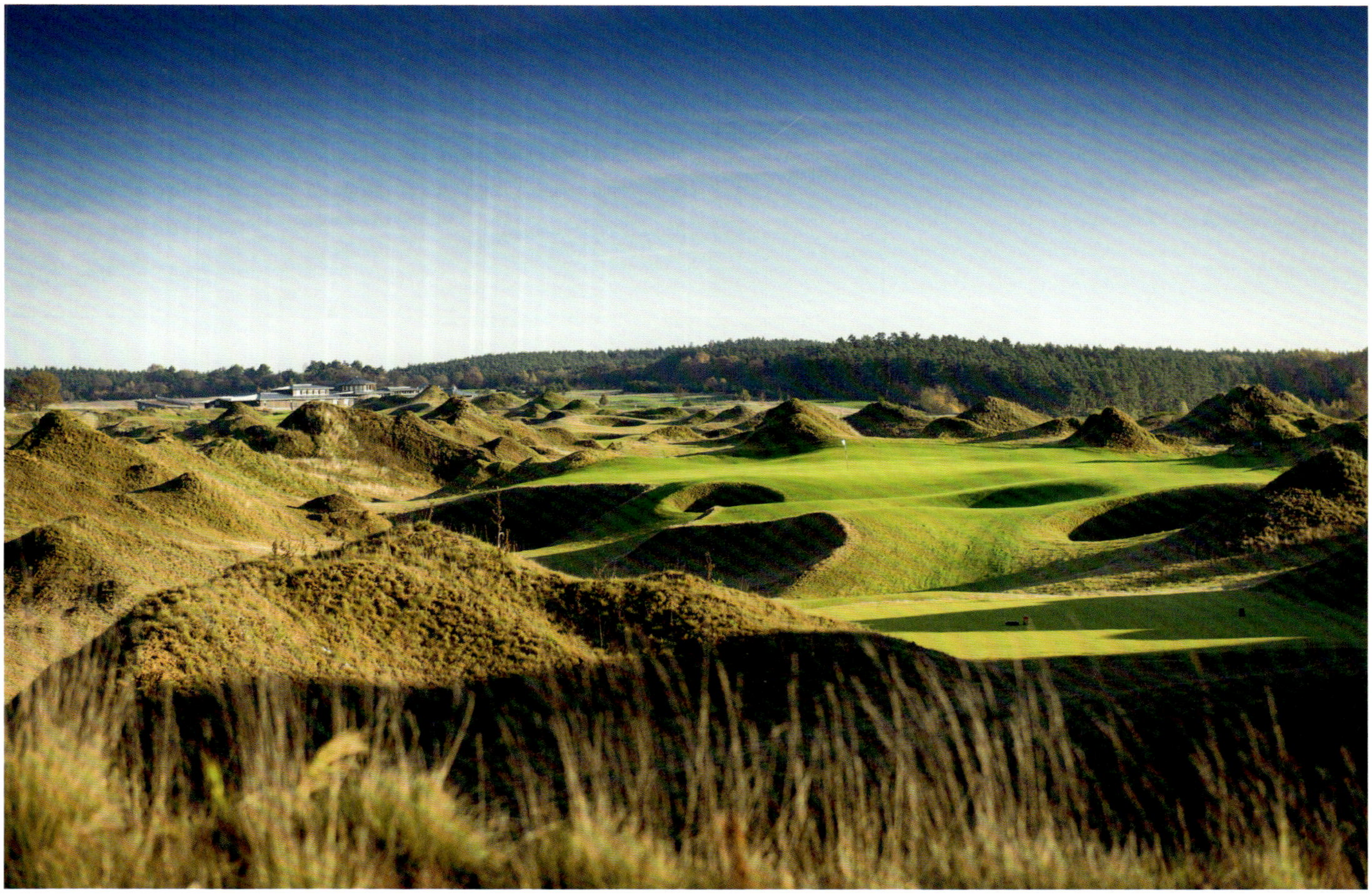

16 GOLF-CLUB ST. DIONYS .... SEITE 40

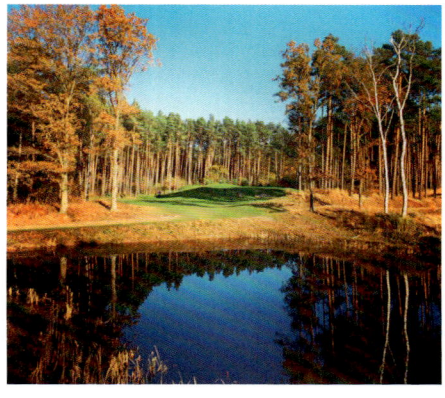

Widukindweg,
21357 St. Dionys
Tel. +49 (0)4133-213311
info@golfclub-st-dionys.de
www.golfclub-st-dionys.de

Fernsicht 1,
25997 Hörnum/Sylt
Telefon +49 (0)4651-4492710
golf@gc-budersand.de
www.gc-budersand.de

Sporting Club Berlin
Scharmützelsee
Parkallee 3, 15526 Bad Saarow
Telefon +49 (0)33631-63300
info@sporting-club-berlin.de
www.sporting-club-berlin.de

Golfweg 22,
14109 Berlin
Tel. +49 (0)30-8067060
info@wannsee.de
www.wannsee.de

Haxterhöhe 2,
33100 Paderborn
Telefon +49 (0)5251-604242
info@haxterpark.de
www.haxterpark.de

IMPRESSUM

HEEL Verlag GmbH

Gut Pottscheidt
53639 Königswinter
Telefon +49 (0)2223-92300
Telefax +49 (0)2223-923026
info @ heel-verlag.de
www.heel-verlag.de

© 2016: HEEL Verlag GmbH, Königswinter
4. Auflage 2023

Verantwortlich für den Inhalt:
Rainer Schillings

Text: Rainer Schillings, Sven Bardua

Recherche: Véronika Hahn

Gestaltung: Till Schaffarczyk, Dreieich

Lektorat: Editorial Services Hamburg

Fotos: Soweit nicht anders vermerkt,
alle Bilder von Rainer Schillings bzw. aus
den Bildarchiven der jeweiligen Golfclubs.

Printed in Slovakia

ISBN: 978-3-95843-382-3